PRIX DE MENUISERIE

Applicables aux Travaux A FAÇON

EXÉCUTÉS PENDANT L'ANNÉE **1869**

Établis et révisés annuellement par la Commission de la

SOCIÉTÉ DES OUVRIERS MENUISIERS A FAÇON

PROPRIÉTÉ DE LA SOCIÉTÉ

DEUXIÈME ÉDITION
REVUE, CORRIGÉE ET AUGMENTÉE DE NOUVEAUX ARTICLES

NOTA. — Chaque exemplaire sera expédié franc de port sur la demande écrite et sur l'envoi de 5 francs en un mandat de poste.

AVIS. — Sur la présentation d'un exemplaire de l'édition 1868, le prix de l'exemplaire de 1869 sera réduit à 3 francs.

EN VENTE
AU SIÉGE DE LA SOCIÉTÉ, 50, RUE DE BABYLONE
PARIS

PRIX DE MENUISERIE

Applicables aux Travaux A FAÇON

EXÉCUTÉS PENDANT L'ANNÉE **1869**

Établis et révisés annuellement par la Commission de la

SOCIÉTÉ DES OUVRIERS MENUISIERS A FAÇON

PROPRIETE DE LA SOCIETE

DEUXIÈME ÉDITION

REVUE, CORRIGÉE ET AUGMENTÉE DE NOUVEAUX ARTICLES

NOTA. — Chaque exemplaire sera expédié franc de port sur la demande écrite et sur l'envoi de 5 francs en un mandat de poste.

AVIS. — *Sur la présentation d'un exemplaire de l'édition 1868, le prix de l'exemplaire de 1869 sera réduit à 3 francs.*

EN VENTE

AU SIÉGE DE LA SOCIÉTÉ, 50, RUE DE BABYLONE

PARIS

DÉSIGNATION DES ARTICLES

PAR ORDRE ALPHABÉTIQUE.

Ouvrages au mètre linéaire.

Ouvrages au mètre superficiel.

Ouvrages à la Pièce.

Tout exemplaire non revêtu de la signature ci-dessous sera réputé contrefait, et poursuivi comme tel, devant les Tribunaux.

Le Président,

Sauvage

PRIX DE MENUISERIE

Applicables aux Travaux A FAÇON

EXECUTÉS PENDANT L'ANNÉE 1869

ÉTABLIS ET RÉVISÉS ANNUELLEMENT PAR LA COMMISSION DE LA
SOCIÉTÉ DES OUVRIERS MENUISIERS A FAÇON

DEUXIÈME ÉDITION
REVUE, CORRIGÉE ET AUGMENTÉE DE NOUVEAUX ARTICLES

OBSERVATIONS GÉNÉRALES. — Tout ouvrage en vieux bois lavé ou non sera augmenté des 2/10 du prix.

Toute *fraction de centime* sur le total de chacun des prix ci-après sera comptée pour un centime, lorsque cette fraction dépassera 0f0049.

1° OUVRAGES AU MÈTRE LINÉAIRE.

Nota. Les travaux au mètre linéaire en peuplier ou grisard prendront la moyenne entre les prix de chêne et ceux de sapin.

		Sapin.	Chêne.
Article 1er.	Jusqu'à 0.027 d'épaisseur	0.02	0.03
—	De 0.028 à 0.034	0.03	0.05
	De 0.035 à 0.041	0.04	0.06
Sciages . . .	De 0.042 à 0.054	0.05	0.08
	De 0.055 à 0.80	0.07	0.12
	De 0.081 à 0.110	0.10	0.18

Les sciages cintrés seront payés une fois en plus des prix ci-dessus.

Les sciages obliques pour traverses de persiennes et autres jusqu'à 0,08 de largeur de pente, seront payés le mètre linéaire : savoir :

En sapin 0f10
En chêne 0f15

Art. 2. — **Bois unis** corroyés non assemblés.

Largeur de corroyage.	Épaisseurs		0.02	0.03	0.04	0.05	0.06	0.07	0.08	0.09	0.10	0.12	0.14	0.16	0.18	0.20	0.22	0.24
Sapin.	0.015 à 0.045	1 parement..	0.02	0.025	0.03	0.035	0.04	0.045	0.05	0.055	0.06	0.08	0.09	0.10	0.11	0.12	0.13	0.14
		2 parements.	0.04	0.05	0.06	0.065	0.075	0.08	0.095	0.10	0.115	0.14	0.16	0.18	0.20	0.22	0.24	0.25
	0.046 à 0.08	1 parement..	»	»	0.035	0.04	0.045	0.05	0.06	0.065	0.07	0.085	0.10	0.11	0.12	0.13	0.14	0.15
		2 parements.	»	»	0.065	0.07	0.08	0.09	0.10	0.11	0.12	0.145	0.17	0.19	0.21	0.23	0.25	0.26
	0.081 à 0.11	1 parement.	»	»	»	»	»	»	0.075	0.08	0.085	0.095	0.11	0.12	0.13	0.14	0.15	0.16
		2 parements.	»	»	»	»	»	»	0.12	0.13	0.14	0.16	0.19	0.21	0.23	0.25	0.27	0.31
Chêne.	0.015 à 0.045	1 parement..	0.03	0.04	0.05	0.055	0.065	0.07	0.075	0.08	0.095	0.115	0.135	0.155	0.175	0.19	0.21	0.23
		2 parements.	0.05	0.07	0.09	0.105	0.12	0.135	0.15	0.17	0.19	0.23	0.27	0.31	0.35	0.38	0.42	0.46
	0.046 à 0.08	1 parement..	»	»	0.06	0.065	0.07	0.08	0.09	0.10	0.11	0.13	0.15	0.17	0.19	0.21	0.23	0.25
		2 parements.	»	»	0.11	0.12	0.13	0.155	0.18	0.20	0.22	0.26	0.30	0.34	0.38	0.42	0.46	0.50
	0.081 à 0.11	1 parement..	»	»	»	»	»	»	0.10	0.11	0.12	0.14	0.16	0.18	0.20	0.22	0.24	0.26
		2 parements.	»	»	»	»	»	»	0.20	0.22	0.24	0.28	0.32	0.36	0.40	0.44	0.48	0.52

RIVES DRESSÉES. Largeur de rive.		Jusqu'à 0.016	De 0.017 à 0.027	De 0.028 à 0.034	De 0.035 à 0.041	De 0.042 à 0.054	De 0.055 à 0.065	De 0.066 à 0.08
Sapin..	Une rive. .	0.01	0.02	0.025	0.03	0.04	0.045	0.06
	Deux rives. .	0.02	0.04	0.05	0.06	0.07	0.08	0.10
Chêne.	Une rive. .	0.015	0.03	0.04	0.05	0.06	0.07	0.09
	Deux rives. .	0.03	0.06	0.07	0.09	0.12	0.14	0.18

POSE à l'atelier pour couper de longueur et clouer.

Largeur de bois.	Épaisseur	0.03	0.04	0.05	0.06	0.07	0.08	0.09	0.10	0.12	0.14	0.16	0.20
Sapin.	Jusqu'à 0.015	0.045	»	0.05	0.055	»	0.06	0.065	0.07	0.075	0.08	0.035	0.095
	0.016 à 0.027	0.055	»	0.06	0.065	»	0.07	0.075	0.08	0.085	0.09	0.095	0.11
	0.028 à 0.034	0.065	»	0.07	0.075	»	0.08	0.085	0.09	0.095	0.10	0.105	0.12
	0.035 à 0.041	»	0.075	»	0.08	»	0.09	0.095	0.10	0.105	0.115	0.12	0.135
	0.042 à 0.054	»	»	0.09	»	0.095	0.10	0.105	0.11	0.115	0.125	0.135	0.155
	0.055 à 0.065	»	»	»	0.10	»	0.105	0.11	0.115	0.12	0.13	0.14	0.16
	0.066 à 0.08	»	»	»	»	0.11	0.115	0.12	0.125	0.13	0.14	0.15	0.17
Chêne.	Jusqu'à 0.015	0.055	»	0.06	0.065	»	0.07	0.075	0.08	0.085	0.09	0.095	0.11
	0.016 à 0.027	0.065	»	0.07	0.075	»	0.08	0.085	0.09	0.095	0.10	0.105	0.12
	0.028 à 0.034	0.075	»	0.08	0.085	»	0.09	0.095	0.10	0.105	0.115	0.125	0.14
	0.035 à 0.041	»	0.085	»	0.09	»	0.10	0.105	0.11	0.115	0.125	0.135	0.15
	0.042 à 0.054	»	»	0.10	»	0.105	0.11	0.115	0.12	0.13	0.14	0.15	0.17
	0.055 à 0.065	»	»	»	0.105	0.11	0.115	0.12	0.125	0.135	0.15	0.16	0.18
	0.066 à 0.08	»	»	»	»	0.12	0.125	0.13	0.135	0.15	0.16	0.17	0.19

Les **Rives dressées** au dessus de 0,08 de large seront payées aux prix de leur largeur de corroyage au tableau des parements.

Les largeurs de bois **au dessus de 0m24** seront comptées au mètre superficiel.

Aux corroyages droits dont les faces ou rives seront **cintrées**, lesdits corroyages droits — pris au plus long — seront augmentés de 6/10.

Les **Corroyages cintrés** sur les parements ou les rives compteront comme il suit :

A toute partie cintrée, la flèche sera mesurée dans la longueur de 0m25 centimètres de corde à l'intérieur du cintre.

Jusqu'à un centimètre de flèche (pour 0m25 de corde) le corroyage cintré sera payé *3 fois* la valeur d'une même face ou rive droite, et pour chaque centimètre de flèche en plus que 0m01 (toujours pour 0m25 de corde) il sera alloué *une fois* en plus.

Exemple. Une Traverse en chêne cintrée sur une rive de 0.054 ayant à l'intérieur du cintre 0m70 de corde et 0.18 de flèche donnera en même cintre 0.02 de flèche pour 0.25 de corde. — La valeur de la dite rive cintrée sera donc de 4 fois la valeur de la rive droite, c'est-à-dire 0f24 le mètre linéaire.

Pour les cintres irréguliers, à anse de panier ou autres, la partie la plus cintrée déterminera la plus-value, à moins que cette partie ne soit faite au ciseau, et, dans ce cas, elle serait payée, isolément, aux prix des ouvrages au ciseau. (Art. 7.)

Les **Prix de pose** ci-dessus seront augmentés de $^{2}/_{10}$ pour les parties polies.

La *pose* des barres ou champs bruts sera payée à ce tableau avec déduction d'un dixième.

Toutes les **coupes d'onglet** et à faux onglet seront comptées séparément, de même que les *coupes droites* dressées au rabot ou ciseau. (Voir *Tableau alphabétique.*)

Les parties ci-dessus qui seront **montées clouées**, sans être coupées posées, seront augmentées des $^{2}/_{10}$ des prix de corroyage.

A celles montées en embrèvement et collées, il sera alloué les prix de montage, ou collage d'embrèvement au mètre linéaire. (Voir article 6.)

Les collages à plat-joint se payeront en plus. (Voir article 5.)

Les **Poteaux d'angle et de remplissage** seront détaillés, suivant leur travail, aux articles 2 et 3.

Article 3.

Feuillures, Rainures

Languettes, Élégis, Pentes, Moulures à 1 corps, Poussés à bois de fil sur bois corroyés, assemblés ou non.

Développement de	0.02	0.03	0.04	0.05	0.06	0.07	0.08	0.09	0.10	0.12	0.14	0.16	0.18	0.20
Sapin	0.02	0.03	0.04	0.05	0.06	0.08	0.09	0.10	0.11	0.14	0.16	0.19	0.21	0.24
Chêne	0.03	0.05	0.06	0.07	0.09	0.105	0.12	0.135	0.15	0.18	0.23	0.28	0.33	0.39

RAINURES

Refouillées pour briques développées sur trois sens.

Développement de	0.06	0.08	0.10	0.12	0.14	0.16
Sapin	0.05	0.06	0.07	0.08	0.10	0.12
Chêne	0.07	0.09	0.11	0.13	0.15	0.17

NERVURES simples.

Sapin	0f02
Chêne	0f03

Les **Feuillures** et les **Rainures** sont prises pour leur largeur et leur profondeur réunies.

Les **Élégis à trois côtés** se développent sur les trois sens.

Les **Pentes** se mesurent sur leur largeur, suivant l'inclinaison.
Nota. Les pentes sur rive ne suppriment dans aucun cas la valeur de la rive dressée.

Les **Languettes** à un ou deux arasements sont comptées comme l'épaisseur du bois sur lequel elles sont faites.

Les **Chanfreins** grossièrement faits sur bois brut, seront payés moitié des prix ci-dessus.

Moulures à plusieurs corps.

Toutes les moulures, **Cimaises, Bordures, Baguettes, Cadres, Corniches, Chambranles, Pilastres, etc.**, seront comptés de la manière suivante :

Le corroyage desdites sera pris à l'article 2, suivant le nombre de parements ou de rives, et *la moulure poussée* comptée à part.

La moulure poussée se paye par *corps de moulure*, sans tenir compte de la largeur du bois.

Le développement des corps de moulures se mesure à l'équerre, c'est-à-dire sa largeur et sa plus grande profondeur réunies. (Voir exemple ci-dessous.)

Chacun des corps de moulure, jusqu'à 2 centimètres développé dito, sera payé, savoir :

En sapin, 0,02 centimes. — En chêne, 0,03 centimes.

Les corps de moulure qui auront plus de 2 centimètres développés droits prendront (suivant leur développement), les prix du tableau ci-dessus des moulures à un corps.

Toute moulure poussée à *un seul corps* prendra nécessairement son prix sur le tableau ci-dessus.

Le nombre des corps de moulure sera déterminé par les figures de la planche n° 1 ou par analogie desdites.

Les corps de moulure ayant moins de 2 centimètres développés ne seront pas réduits.

Exemple pour le mode de mesurage des moulures. A savoir :

Une cimaise en sapin 0.027 sur 0.05

Corroyage 4 parements. . .	0f105
3 corps de moulures ordin..	0 06
2 corps dito de 0 03 développé.	0 06
Prix total. . . .	0f225

PROFIL

POSE de MOULURES ordinaires et Cadres, non compris coupes d'angle.

	Largeurs, jusqu'à	0.03	0.04	0.05	0.06	0.07	0.08	0.09	0.10	0.12	0.14	0.16	0 20
	Épaisseurs.												
Sapin	Jusqu'à 0.015.	0.045	0.05	0.055	0.06	0.065	0 07	0.075	0.08	0 085	0.095	0.10	0.11
	0 016 à 0.027.	0.055	0.06	0.065	0.07	0.075	0.08	0.085	0.09	0.095	0.105	0.11	0.12
	0.028 à 0 034.	0.065	0.07	0.075	0.08	0.085	0 09	0.095	0.10	0.105	0.115	0.12	0 135
	0 035 à 0 041	»	0.08	0.085	0.09	0.095	0.10	0 105	0.11	0.115	0.125	0.13	0.145
	0.042 à 0 054	»	»	0.10	0.105	0.11	0.115	0.12	0.125	0.13	0.14	0.145	0.16
	0 055 à 0 065.	»	»	»	0.11	0.115	0.12	0.125	0.13	0.135	0.145	0.15	0.17
	0.066 à 0.08.	»	»	»	»	0.125	0.13	0.135	0.14	0 15	0.16	0.17	0.19
Chêne	Jusqu'à 0.015.	0.055	0.06	0.065	0.07	0.075	0·08	0.085	0 09	0.095	0 105	0.11	0.12
	0.016 à 0 027.	0.065	0.07	0.075	0.08	0.085	0.09	0.095	0.10	0.105	0 115	0.12	0.13
	0 028 à 0.034.	0.08	0.085	0.09	0.095	0.10	0.105	0.11	0.115	0.12	0.13	0·135	0.15
	0 035 à 0.041	»	0.095	0.10	0.105	0.11	0.115	0.12	0.125	0.13	0.14	0 145	0.16
	0 042 à 0.054.	»	»	0.11	0.115	0.12	0.125	0.13	0.135	0.145	0.155	0.165	0.18
	0 055 à 0 065.	»	»	»	0.12	0.125	0.13	0.135	0.145	0.155	0.165	0.175	0.19
	0 066 à 0.08..	»	»	»	»	0.135	0.14	0.15	0 16	0.17	0.18	0.19	0.21

La pose des moulures cintrées sera augmentée de 1/10.
La pose des moulures polies. . . . . .dito. . . . . 1/10.

PLUS-VALUES DE L'ARTICLE 3

Aux **baguettes, cannelures, grain d'orge, élégis, rainures,** etc., qui seront poussées à bois de fil à l'aide d'un bouvet de deux pièces, le prix sera *doublé*.

Les mêmes, poussées à la règle ou à l'outil détaché se payeront *trois fois* la valeur de celles ordinaires. — Les interruptions au ciseau, gouge ou bedane se compteront en plus, indépendamment des profils d'arrêt, en biseau, cuiller, grain d'orge, etc. (Pour lesdits, voir le tableau alphabétique).

Aux moulures pour corniches ou autres **élégies volantes,** le corroyage sera compté suivant le nombre de parements qu'il aura, les pentes séparément, en plus, et la *moulure poussée* sera augmentée de 1/5 de son prix.

Cintres. — Les Feuillures, Elégis, Moulures, etc., poussées à *l'outil cintré*, seront payés comme il suit, et le cintre mesuré comme il est dit à l'article 2.

Jusqu'à 0m01 de flèche (pour 0m25 de corde), lesdites feuillures, moulures, etc., seront payées *trois fois* la valeur de celles droites. Et pour chaque centimètre de flèche en plus, *une fois* en plus la valeur de celles droites.

Les rainures à l'outil cintré ne compteront que pour moitié desdites plus-values.

Toute partie faite au ciseau, gouge ou bedane, se comptera séparément (article 7). Pour figure déterminant la manière de prendre les cintres, voir planche n° 2.

Les cintres irréguliers se mesurent comme il est dit à l'article 2.

A toute moulure poussée d'une **quantité moindre de 20 mètres,** dont le profil n'aura pas encore été fait par l'ouvrier, il sera alloué *les 4/10 de la différence de longueur* existant entre la longueur réelle et celles de 20 mètres.

Exemple. Étant donné une moulure d'une quantité de 9 mètres. — La différence de 9 mètres à 20 mètres sera de 11 mètres. Soit en plus-value les 4/10 de cette différence, c'est-à-dire 4m 40 à ajouter à la longueur réelle de 9 mètres.

Nota. Les moulures étant payées isolément sans y comprendre le corroyage, ladite plus-value de quantité ne porte que sur les prix de moulures poussées seulement.

Cette plus-value de petite quantité ne sera pas applicable pour les cintres.

A toutes les **Moulures montées ensemble** à l'atelier pour faire de grandes corniches ou autres, il sera ajouté en plus du prix total de la corniche ou moulure (compris son corroyage) à savoir :

1° A celles montées, clouées, non collées, les....... 2/10 du prix total.
2° — — — plus collées, les....... 3/10 —
3° — avec assemblages à languettes en longueur, et non collées, les........ 3/10 —
4° — — — plus collées, les........ 4/10 —

Les **Barres d'appui** seront détaillées suivant leur travail, aux articles 2 et 3.

Article 4. — Plus-value de poli pour tous les ouvrages en linéaire		Largeurs....	0 02	0 03	0.04	0 05	0 06	0 07	0 08	0 09	0.10	0 11	0.12	0.13	0.14	0.16	0.18	0.20
	Bien fini et préparé au poli	Pour une face ou une rive unie.	0.01	0.015	0.02	0.03	0.035	0.04	0 05	0.055	0 06	0 07	0.075	0.08	0.085	0 095	0.105	0.12
		Dito à moulure.	0.02	0.03	0.04	0.05	0.06	0 07	0.08	0.09	0.10	0.11	0 125	0.14	0.15	0.17	0.19	0.21
	Préparé au poli et poli à l'encaustique	Pour une face ou une rive unie.	0 015	0 025	0.035	0.045	0.055	0.065	0.08	0.09	0 10	0.105	0.11	0 115	0.12	0.13	0.14	0.16
		Dito à moulure.	0 03	0.05	0.07	0.08	0.09	0 10	0.11	0.13	0.145	0.16	0.18	0.20	0 22	0 25	0 28	0.30

Les *élegis, pentes, moulures,* etc., se trouvant sur des faces unies, seront prises à part et développées à l'équerre, comme il est dit à l'article 3 (mais sans avoir égard aux corps de moulure), et ledit développement sera compté aux largeurs portées en tête du tableau pour être payé comme poli à moulure.

Le préparé au poli et poli à la cire dure sera payé le double du poli à l'encaustique.

Pour teinter en vieux bois seulement, compris ponçage, les prix seront ceux du préparé au poli sans préjudice du préparé au poli et poli, lorsque ces travaux seront faits.

Pour élégi et moulure à travers bois préparé au poli, ou poli. (Voir article 4.)

Les parties cintrées, préparées au poli ou polies pendront une plus-value de $^1/_{10}$ des prix du tableau ci-dessus.

Article 5.

Collages à plat-joint, compris les 2 faces ou rives passées au rabot à dents, chauffées, encollées et collées (*au mètre linéaire*).	**Largeur du collage.**	**0.01**	**0.02**	**0.03**	**0.04**	**0.05**	**0.06**	**0.07**	**0.08**	**0.10**	**0.12**	**0.14**	**0.16**	**0.18**	**0.20**
	Sapin..	0.04	0.05	0.07	0.09	0.11	0.13	0.15	0.17	0.21	0.25	0.29	0.33	0.37	0.41
	Chêne.	0.06	0.08	0.10	0.12	0.14	0.16	0.18	0 20	0.25	0.30	0.35	0.40	0.45	0.50

Nota. Le corroyage des faces ou rives n'est pas compris dans les prix cidessus.

Les largeurs de collage *au-dessus de* 0^m20 suivront les progressions du tableau de 0^m19 à 0^m20.

Les collages à plat joint dont les faces ou rives opposées, *seront cintrées* prendront une plus-value de $^1/_{10}$.

Les collages à plat joint *cintrés en plan* sur parties débillardées prendront la plus-value des cintres de l'article 2.

Ceux par *cintres ployés* seront augmentés de $^1/_{10}$.

Article 6.

Montage et collage d'embrèvement, à rainure et languette ou à fausse languette (*au mètre linéaire de joint*).		**Epaisseurs**....	**0.015**	**0.027**	**0.034**	**0.041**	**0.054**	**0.08**	**0.11**
	Chêne ou **Sapin**.	Montage....	0.01	0.01	0.015	0.02	0.03	0.04	0.06
		Montage et collage...	0.015	0.015	0.02	0.03	0.045	0.06	0.09

Les dits *montages et collages* d'embrèvement ne seront comptés séparément que lorsque leur valeur ne sera pas comprise dans le prix des ouvrages. Ainsi sur un panneau de porte par exemple, les collages d'embrèvement sont dus pour les joints mais non au pourtour.

Pour *cintres* des dits il sera alloué 10 %.

Art. 7.

Ouvrages à travers bois à bois debout et au ciseau.

A la pièce jusqu'à un mètre........

Au mètre linéaire au-dessus d'un mètre............

		Largeur de la barre Jusqu'à...........	**0.06**	**0.07**	**0.08**	**0.09**	**0.10**	**0.11**	**0.12**	**0.13**	**0.14**	**0.15**	**0.16**	**0.18**	**0.20**
CORROYAGES A TRAVERS BOIS, ou dressages d'épaisseur pour recevoir des barres ou autres...	**Sapin.**	**Jusqu'à 0m30 de long.**	0.04	0.045	0.05	0.055	0.06	0.065	0.07	0.075	0.08	0.085	0.09	0.10	0.11
		Chaque 0m10 en plus......	0.01	0.01	0.01	0.01	0.01	0.01	0.01	0.01	0.015	0.015	0.015	0.015	0.015
		Le mètre linéaire..........	0.11	0.115	0.12	0.125	0.13	0.135	0.14	0.145	0.18	0.19	0.20	0.21	0.22
	Chêne.	**Jusqu'à 0m30 de long.**	0.05	0.055	0.065	0.07	0.08	0.085	0.095	0.10	0.11	0.12	0.13	0.15	0.17
		Chaque 0m10 en plus......	0.01	0.01	0.015	0.015	0.015	0.015	0.015	0.015	0.02	0.02	0.02	0.02	0.02
		Le mètre linéaire..........	0.12	0.13	0.16	0.17	0.18	0.19	0.20	0.21	0.25	0.26	0.27	0.29	0.31
		Développement....	**0.02**	**0.03**	**0.04**	**0.05**	**0.06**	**0.07**	**0.08**	**0.10**	**0.12**	**0.14**	**0.16**	**0.18**	**0.20**
ÉLÉGISSEMENTS A 2 COTÉS, PLATE-BANDES, FEUILLURES, CONGÉS, PENTES, MOULURES, etc., poussés *à travers bois*, aux extrémités des bois et à l'outil ordinaire portant son conduit...	**Sapin.**	**Jusqu'à 0m30 de long.**	0.04	0.06	0.07	0.09	0.11	0.13	0.15	0.19	0.23	0.26	0.29	0.32	0.35
		Chaque 0m10 en plus......	0.01	0.01	0.01	0.015	0.015	0.02	0.025	0.03	0.035	0.04	0.04	0.045	0.05
		Le mètre linéaire..........	0.11	0.13	0.14	0.19	0.22	0.27	0.32	0.40	0.47	0.54	0.57	0.63	0.70
	Chêne.	**Jusqu'à 0m30 de long.**	0.05	0.08	0.10	0.13	0.16	0.19	0.21	0.28	0.34	0.39	0.43	0.47	0.50
		Chaque 0m10 en plus......	0.01	0.01	0.01	0.015	0.02	0.025	0.03	0.035	0.04	0.045	0.05	0.055	0.06
		Le mètre linéaire..........	0.13	0.15	0.17	0.23	0.29	0.33	0.42	0.53	0.62	0.71	0.78	0.85	0.92
ENTAILLES POUR CASIERS ÉLÉGISSEMENTS A 3 COTÉS, GORGES, MOULURES, etc., poussés *à travers bois* à l'outil détaché et à la règle..... RAINURES et LANGUETTES *à bois de bout*, non compris les interruptions, au ciseau, gouge ou bedane, et les profils d'arrêts...	**Sapin.**	**Jusqu'à 0m30 de long.**	0.03	0.08	0.10	0.13	0.16	0.19	0.22	0.26	0.30	0.33	0.36	0.39	0.42
		Chaque 0m10 en plus......	0.015	0.015	0.015	0.015	0.02	0.02	0.025	0.03	0.035	0.04	0.045	0.05	0.055
		Le mètre linéaire..........	0.17	0.19	0.21	0.24	0.30	0.34	0.39	0.47	0.54	0.61	0.67	0.74	0.80
	Chêne.	**Jusqu'à 0m30 de long.**	0.08	0.10	0.13	0.16	0.19	0.24	0.29	0.35	0.40	0.45	0.49	0.53	0.57
		Chaque 0m10 en plus......	0.015	0.015	0.02	0.02	0.025	0.025	0.03	0.035	0.04	0.045	0.05	0.055	0.06
		Le mètre linéaire..........	0.19	0.21	0.27	0.30	0.36	0.41	0.50	0.59	0.68	0.76	0.84	0.91	0.99
RAINURES AU BEDANE *à bois de fil* (pour embrèvement).	**Sapin.**	**Jusqu'à 0m30 de long.**	0.06	0.08	0.10	0.12	»	»	»	»	»	»	»	»	»
		Chaque 0m10 en plus......	0.01	0.01	0.015	0.015	»	»	»	»	»	»	»	»	»
		Le mètre linéaire..........	0.13	0.15	0.20	0.23	»	»	»	»	»	»	»	»	»
	Chêne.	**Jusqu'à 0m30 de long.**	0.08	0.10	0.13	0.16	»	»	»	»	»	»	»	»	»
		Chaque 0m10 en plus......	0.01	0.015	0.015	0.02	»	»	»	»	»	»	»	»	»
		Le mètre linéaire..........	0.15	0.20	0.24	0.30	»	»	»	»	»	»	»	»	»
FEUILLURES ET ÉLÉGIS A 2 COTÉS, CHANFREINS, etc., faits au ciseau *à bois de fil*, non compris profils d'arrêts.	**Sapin.**	**Jusqu'à 0m30 de long.**	0.13	0.15	0.17	0.20	0.23	0.27	0.30	0.36	0.40	0.44	0.48	0.52	0.56
		Chaque 0m10 en plus......	0.015	0.02	0.02	0.025	0.025	0.03	0.035	0.04	0.045	0.05	0.055	0.06	0.075
		Le mètre linéaire..........	0.24	0.29	0.31	0.37	0.41	0.48	0.54	0.64	0.72	0.79	0.87	0.94	1.09
	Chêne.	**Jusqu'à 0m30 de long.**	0.20	0.23	0.26	0.30	0.33	0.36	0.40	0.46	0.51	0.57	0.62	0.68	0.74
		Chaque 0m10 en plus......	0.02	0.025	0.03	0.035	0.04	0.05	0.055	0.06	0.065	0.075	0.08	0.09	0.10
		Le mètre linéaire..........	0.34	0.40	0.47	0.54	0.61	0.71	0.79	0.88	0.96	1.09	1.18	1.31	1.44
MOULURES, CANNELURES, ÉLÉGIS A 3 COTÉS, etc., faits au ciseau, à la gouge ou à la guimbarde, *à bois de fil*, non compris profils d'arrêts en glacis, coup d'ongle, etc.	**Sapin.**	**Jusqu'à 0m30 de long.**	0.15	0.18	0.22	0.26	0.31	0.36	0.41	0.51	0.60	0.66	0.72	0.78	0.84
		Chaque 0m10 en plus......	0.025	0.03	0.035	0.04	0.05	0.055	0.06	0.07	0.08	0.09	0.10	0.11	0.12
		Le mètre linéaire..........	0.32	0.39	0.46	0.54	0.66	0.75	0.83	1.00	1.16	1.29	1.42	1.55	1.68
	Chêne.	**Jusqu'à 0m30 de long.**	0.20	0.24	0.29	0.35	0.41	0.48	0.54	0.67	0.78	0.88	0.96	1.04	1.12
		Chaque 0m10 en plus......	0.035	0.04	0.045	0.05	0.06	0.07	0.08	0.09	0.11	0.12	0.13	0.15	0.16
		Le mètre linéaire..........	0.44	0.52	0.60	0.70	0.83	0.97	1.10	1.31	1.55	1.72	1.87	2.09	2.24

Observations. Les longueurs *au-dessous de* 0m30 *de long* seront payées au prix de 0m30 de long. Celles au-dessus d'un mètre compteront au mètre linéaire.

Les largeurs ou développements *au-dessus de* 0.20 suivront la progression du Tableau à 0m19 et 0m20.

Les *feuillures élégis languettes et pentes* de ce tableau se développent comme celles de l'article 3.

Les prix de moulure de ce tableau se comptent également par **corps de moulure,** suivant le mode de l'article 3. Chaque *corps de moulure* jusqu'à 0.02 c. développé sera payé au prix de 0.02 c. du Tableau. Et les *corps de moulure* au-dessus de 0.02 c., pris aux largeurs du Tableau, suivant leur développement.

Les entailles pour **barres à queues,** feront partie de cet article. Elles seront prises à leur largeur moyenne développée et les barres se compteront au mètre linéaire.

Plus-values. Les ouvrages ci-dessus, au ciseau, gouge ou bedane qui seront faits *à travers bois* seront augmentés de $^5/_{10}$.

Les moulures poussées à travers bois et aux extrémités des bois seront comptées dans les prix d'entailles de casier à la règle, chaque fois qu'elles seront faites *à l'outil détaché,* c'est-à-dire à l'outil sans son conduit.

Aux parties cintrées les prix s'augmenteront de $^{10}/_{10}$.

Pour *bien fini, préparé au poli* on ajoutera les $^5/_{10}$ du prix.

Dito dito, *plus poli*..............dito les $^7/_{10}$ dito.

Pour les interruptions et profils d'arrêts voir *Articles à la pièce.*

Article 8.

Crémaillères
En hêtre ou en chêne corroyées, entaillées, mesurées de la longueur des parties entaillées.

De 0.013 à 0.027 d'épaisseur	0f36
De 0.028 à 0.034 —	0f38
De 0.035 à 0.045 —	0f42
Coupe et pose	0f10
Poli, en plus	0f06

L'excédant de longueur non entaillé sera payé à l'article 2.

Les **Tasseaux** de crémaillères en chêne, corroyés, coupés, ajustés, compris les fausses coupes aux extrémités.

Prix moyen, à la pièce.................................. 0f11

Article 9.

Batis bruts
Au mètre linéaire.

De 0.027 à 0.50 d'épaisseur	0f02
De 0.051 à 0.11 —	0f04
De 0.115 à 0.20 —	0f08

Les *assemblages* seront payés à part, comme faits sur bois corroyés.

Article 10.

Huisseries et Batis
De distributions, sans aucune partie adhérente.

Ils seront comptés pour leur travail aux articles 2 et 3, et les *assemblages* payés séparément. *(Tableau alphabétique.)*

Les *mortaises* d'entretoises ou autres vaudront $^2/_3$ du prix de l'assemblage,

Article 11.

—

Batis montés

assemblés carrés ou d'onglet

jusqu'à la moulure à un assemblage par mètre linéaire.

	Épaisseurs.	Largeurs jusqu'à	0.04	0.05	0.06	0.07	0.08	0.09	0.10	0.12	0.14	0.16	0.18	0.20	Centimètres en plus.	Deux rives dressées	Une rive dressée.
Sapin.	0.01 à 0.027	2 parements.	0.13	0.16	0.19	0.22	0.24	0.26	0.29	0.34	0.39	0.45	0.50	0.55	0.024	0.02	0.04
		1 parement..	0.10	0.12	0.14	0.16	0.19	0.22	0.24	0.27	0.30	0.34	0.37	0.41	0.019		
	0.028 à 0.034	2 parements.	0.15	0.18	0.21	0.24	0.26	0.29	0.31	0.36	0.41	0.48	0.53	0.58	0.025	0.03	0.06
		1 parement..	0.11	0.13	0.15	0.17	0.20	0.23	0.26	0.29	0.32	0.37	0.40	0.44	0.020		
	0.035 à 0.045	2 parements.	0.17	0.20	0.23	0.26	0.28	0.30	0.33	0.38	0.44	0.50	0.55	0.60	0.026	0.04	0.07
		1 parement..	0.13	0.15	0.17	0.19	0.22	0.25	0.27	0.31	0.35	0.39	0.43	0.47	0.021		
	0.046 à 0.06	2 parements.	»	0.24	0.27	0.29	0.32	0.34	0.36	0.41	0.47	0.53	0.58	0.63	0.027	0.05	0.09
		1 parement..	»	0.18	0.21	0.24	0.26	0.28	0.30	0.34	0.38	0.42	0.46	0.50	0.022		
	0.061 à 0.08	2 parements.	»	»	»	0.31	0.34	0.36	0.39	0.44	0.50	0.56	0.61	0.67	0.028	0.06	0.12
		1 parement..	»	»	»	0.26	0.28	0.30	0.33	0.37	0.41	0.46	0.49	0.54	0.023		
	0.081 à 0.11	2 parements.	»	»	»	»	»	»	0.42	0.48	0.54	0.60	0.65	0.70	0.029	0.08	0.16
		1 parement..	»	»	»	»	»	»	0.36	0.40	0.44	0.48	0.53	0.58	0.024		
Chêne.	0.01 à 0.027	2 parements.	0.19	0.22	0.25	0.28	0.32	0.35	0.39	0.46	0.53	0.60	0.67	0.74	0.034	0.03	0.06
		1 parement..	0.15	0.17	0.20	0.22	0.24	0.27	0.30	0.35	0.40	0.45	0.50	0.55	0.024		
	0.028 à 0.034	2 parements.	0.20	0.23	0.27	0.30	0.34	0.37	0.41	0.48	0.55	0.63	0.70	0.77	0.036	0.04	0.07
		1 parement..	0.16	0.18	0.21	0.23	0.26	0.29	0.31	0.37	0.42	0.47	0.52	0.57	0.025		
	0.035 à 0.045	2 parements.	0.23	0.26	0.30	0.33	0.36	0.40	0.43	0.51	0.58	0.66	0.73	0.80	0.037	0.05	0.09
		1 parement..	0.18	0.21	0.24	0.26	0.29	0.31	0.34	0.39	0.44	0.50	0.55	0.60	0.026		
	0.046 à 0.60	2 parements.	»	0.29	0.33	0.36	0.39	0.43	0.47	0.55	0.62	0.70	0.77	0.84	0.038	0.07	0.13
		1 parement..	»	0.23	0.26	0.28	0.31	0.34	0.37	0.43	0.48	0.54	0.59	0.64	0.028		
	0.061 à 0.08	2 parements.	»	»	»	0.42	0.45	0.47	0.50	0.58	0.66	0.73	0.81	0.88	0.039	0.09	0.16
		1 parement..	»	»	»	0.34	0.36	0.38	0.40	0.46	0.52	0.57	0.63	0.68	0.029		
	0.081 à 0.11	2 parements.	»	»	»	»	»	»	0.55	0.63	0.71	0.79	0.87	0.95	0.040	0.12	0.24
		1 parement..	»	»	»	»	»	»	0.43	0.49	0.55	0.61	0.67	0.73	0.030		

Les *bâtis* dormants de portes, cloisons et châssis, les *devantures*, *poteaux*, *chambranles* et *cadres assemblés*, *grands châssis vitrés* (sans petits-bois), *bâtis de meubles*, *comptoirs*, *casiers*, *montres*, *tables*, *tréteaux*, *échelles*, *encadrements*, etc., et tous autres bâtis que les huisseries, bâtis et contre-bâtis de distributions feront partie de cet article.

Les prix du Tableau seront payés *jusqu'à 0m32 de large* (pour bâti d'une seule largeur).

Les *assemblages* en plus d'un par mètre, seront comptés séparément (ceux en moins ne seront pas déduits).

Les *flottages*, *entailles*, *dérasements*, *assemblages à trait de Jupiter*, *goujons*, etc., seront payés en plus pour leur valeur (sans faire nombre aux assemblages).

Pour *moulures*, *feuillures*, *rainures*, etc., voir article 3.

Bien fini et poli article 4.

Pour *collé dans les assemblages*, il sera alloué les $^{2}/_{10}$ du prix de chaque assemblage.

Pour cintre il sera ajouté les plus-values de l'article 2 appliquées au Tableau ci-dessus.

Article 12.

Croisées et Porte-Croisées en chêne

Ouvrant à gueule-de-loup ou à feuillures, avec jets d'eau et pièces d'appui *sans petit bois*. (Au mètre linéaire de hauteur.)

Dormants	Épaisseurs des châssis.		A un vantail. Largeurs. 0.50	0.75	1.00	A deux vantaux. Largeurs. 1.00	1.25	1.50	1.75	2.00
Dormants de 0.034 à 0.060 d'épaisseur.	0.027 à 0.034	A moulure partout	2.00	2.24	2.47	2.90	3.30	3.70	4.10	4.50
		Sans moulure....	1.70	1.90	2.09	2.60	2.85	3.10	3.35	3.55
	0.035 à 0.045	A moulure partout	2.25	2.50	2.76	3.30	3.70	4.10	4.50	4.90
		Sans moulure....	1.93	2.16	2.30	3.00	3.25	3.45	3.70	3.90
	0.046 à 0.060	A moulure partout	2.50	2.80	3.10	3.60	4.10	4.40	4.80	5.20
		Sans moulure....	2.20	2.46	2.65	3.30	3.55	3.80	4.05	4.30
Dormants de 0.061 à 0.080 d'épaisseur.	0.027 à 0.034	A moulure partout	2.40	2.64	2.87	3.20	3.70	4.20	4.60	5.00
		Sans moulure....	2.10	2.34	2.57	2.80	3.15	3.50	3.85	4.30
	0.035 à 0.045	A moulure partout	2.70	2.95	3.20	3.85	4.35	4.85	5.25	5.60
		Sans moulure....	2.40	2.65	2.90	3.40	3.85	4.25	4.60	5.00
	0.046 à 0.060	A moulure partout	3.00	3.30	3.60	4.50	5.00	5.50	5.90	6.30
		Sans moulure....	2.70	3.00	3.30	4.05	4.60	5.10	5.45	5.80

OBSERVATIONS ET PLUS-VALUES.

Les **croisées** et **portes-croisées** se mesurent hors d'œuvre et suivant l'usage, c'est-à-dire que, pour le jet d'eau, jusqu'à 0.08 sur 0.08 et la pièce d'appui jusqu'à 0.08 sur 0.10, il sera ajouté à la hauteur une plus-value de 0.32 centimètres.

Pour *jet d'eau* seul, 0.16 centimètres.

Les **jets d'eau** au-dessus de 0.08 sur 0.08 et les **pièces d'appui** au-dessus de 0.08 sur 0.10, seront développés sur deux sens (l'épaisseur et la largeur), et leur développement ajouté à la hauteur.

Les prix de croisées ci-dessus sont avec ou sans regingot.

Les croisées à un vantail au-dessous de 0m50 de large et celles à 2 vantaux au-dessous d'un mètre compteront pour 0m50 et 1m00, pour prix et plus-value.

Les prix ci-dessus étant établis pour croisées de 2m de haut, sans imposte, celles qui auront *moins ou plus* de deux mètres seront augmentées ou diminuées de la manière suivante :

1° Aux croisées qui auront *moins* de deux mètres de haut, il sera ajouté à la la hauteur les $^3/_{10}$ de la différence existant entre la longueur réelle et l'unité de mesure de *deux mètres*.

Exemple. Pour une croisée de 0m80 de haut, la différence de 0m80 à deux mètres sera de 1m20, dont les 3/10 donneront 0m36, qui sera la plus-value à ajouter à la hauteur de la croisée de 0m80. Tandis qu'une croisée de 1m80 de haut donnera comme plus-value 0m06 en hauteur.

2° Aux croisées qui auront *plus* de deux mètres de haut il sera diminué sur la hauteur 0m01e par chaque 0m10e en plus de deux mètres.

Les prix du Tableau étant pour croisées sans petits-bois, chaque rang de **traverses** de petits bois augmentera la croisée de 0.12 centimètres en hauteur.

Les *petits-bois* ci-dessus sont pour largeur de bois ordinaire. Ceux au-dessus de 0m04 de large, augmenteront leurs plus-values du nombre de centimètres en plus de 0.04. Aux croisées à *riche profil* les petits bois ne prendront cette plus-value que lorsque leur largeur dépassera celle de deux fois le profil.

Pour largeur moindre il ne sera rien déduit.

Les **Petits-bois montants** seront évalués de la manière suivante :

Chaque *Petit-bois montant simple* entre 2 traverses de petit-bois ou de châssis, (jusqu'à 0m50 de long réduit, et pour largeur ci-dessus) sera payé en plus à la pièce savoir :

Jusqu'à	0.034	d'épaisseur	0 20	centimes	l'un,
de	0.041	—	0 22	—	—
de	0.054	—	0 30	—	—

Le prix de ces petits bois est pour profil ordinaire des croisées. Pour chaque corps de moulure en plus, ajouter $^1/_{10}$. Pour ceux sans moulure diminuer $^2/_{10}$.

Les croisées à **moulures sur petits-bois** seulement prendront le prix moyen de celles sans moulures, et celles à moulures partout.

Tout travail en plus que *noix et congé* ordinaire sur les dormants sera compté séparément au mètre linéaire.

Toute croisée ou partie de croisée *ouvrant à deux châssis* battant l'un sur l'autre, sera considérée comme à deux vantaux.

Toute croisée ou partie de croisée *qui n'ouvrira qu'à un seul châssis* entre bâti dormant, comptera comme croisée à un vantail. (Les mesures prises au milieu des montants intermédiaires, quelle que soit leur largeur, et sans déduction de battants de côte, ni dormants.)

Pour **fermeture milieu** à double feuillure évasée, il sera alloué 0 fr. 25 centimes par mètre linéaire de croisée.

Pour **ouverture dans les petits-bois,** il sera ajouté en plus à la hauteur de la croisée :

Pour celles simples.	0.10 centimètres.
Pour celles à feuillures	0.15 —

Les croisées **à guillotine** avec caisson et contrepoids, et les croisées à **bascule** ou **à pivots,** seront comptés comme croisées à un vantail, suivant la hauteur des châssis et dormants, et le prix total sera augmenté de $^3/_{10}$.

Les croisées **à deux parements** seront augmentées de $^1/_6$ du prix total. (Les *feuillures refouillées* pour parcloses, en compensation du deuxième parement, et les parclôses comptées en plus pour leur valeur.)

Tout **épaulement** devant l'assemblage, nécessité par la profondeur de la moulure, sera payé en plus.

Toute **partie au droit des planchers d'entre-sol** et autres, sera détaillée suivant sa nature.

Les **croisées tout sapin** seront diminuées de $^1/_6$ des prix et plus-values ci-dessus.

Les mêmes avec pièces d'appui, jets d'eau et petits-bois chêne, $^1/_{15}$ en moins.

PORTES-CROISÉES

Les *portes-croisées* se mesurent de toute hauteur comme croisée, d'après le mode ci-dessus (la traverse d'appui comme traverse de petits-bois prenant plus-value de largeur au-dessus de 0.04).

Les **appuis** à panneaux seront payés à la pièce par vantail, et d'après leur mesure à l-équerre (hauteur et largeur réunies). Ceux unis seront pris sur la *grandeur réelle du panneau* seulement, et ceux à petits ou grands cadres, mesurés *du dehors des onglets.*

Les prix ci-après comprennent la valeur des *arrêts de rainures, feuillures et moulures* nécessités par le panneau, ainsi que la *pente extérieure* sur rive d'appui.

	Épaisseur de Panneau.					
	CHÊNE					
	de 0.025 à 0.034			de 0.035 à 0.054		
Jusqu'à.	0.60	0.80	1.00	0.60	0.80	1.00
Uni, ou petit cadre, de même profil que la partie vitrée.	0.80	1.00	1.20	1.10	1.35	1.65
A petit cadre, changeant de profil, profil jusqu'à 0m03 et 3 corps au plus.	1.20	1.40	1.60	1.50	1.75	2.00
A grands cadres, embrevés, profil jusqu'à 0m03 et 4 corps au plus..	1.90	2.10	2.30	2.10	2.35	2.65
Pour un corps de moulure en plus.	0.07	0.08	0.10	0.07	0.08	0.10

Les prix ci-dessus sont, pour petits ou grands cadres, à un parement et uni derrière. A ceux à 2 parements, chaque corps de moulure du 2e parement sera compté au prix du tableau. — Pour un centimètre de profil en plus il sera alloué $^1/_{10}$ du prix.

Les *appuis* à panneaux en *sapin* seront diminués de $^3/_{10}$ des prix des appuis unis.

Les *appuis* avec moulures rapportées seront considérés comme unis, et les cadres pris séparément.

Les *plates-bandes* et moulures autour des panneaux seront développées et comptées séparément pour leur valeur.

Les *appuis*, dont les dimensions ne figurent pas au tableau, seront réglées proportionnellement aux prix ci-dessus.

Un *double embrèvement* de panneau sera payé en plus au mètre linéaire.

Les prix de croisées et portes-croisées ci-dessus sont, pour *profil ordinaire*, jusqu'à 0.03 à l'équerre, pour les épaisseurs de 0m41 et au-dessous, et jusqu'à 0m04 à l'équerre, dans les épaisseurs au-dessus de 0.41. Lesdits profils jusqu'à deux corps de moulure. (*Voir planche n°* 2.)

Pour le premier corps de moulure en plus qu'ordinaire, il sera alloué $^1/_{10}$ du prix du mètre.

Pour chacun des autres corps, en plus $^1/_{20}$ dito.

Pour chaque centimètre de développement en plus sur le profil ordinaire seulement, $^1/_{20}$ du prix dito.

Aux corps de moulure *en plus que profil ordinaire*, qui développeront plus de 0m02, chaque centimètre d'excédant comptera comme moitié d'un corps, ou chaque deux centimètres comme un corps.

Les *enfourchements* sur dormant, pour recevoir des pièces d'appui en fer, seront payés moitié d'un assemblage.

IMPOSTES.

Les *impostes* ouvrantes ou non seront considérées comme une deuxième croisée, suivant le nombre de vantaux quelles figureront (mesure prise du milieu de la traverse qui les sépare), et les plus-values de hauteur, jet d'eau, etc., comme ci-dessus.

Toute *imposte* ou *croisée* dont les côtes ou champs seront rapportés comptera comme croisée selon sa figure.

Toute *traverse d'imposte* élégie sur une face (pour la plus-value de moulures, la sur-épaisseur et les flottages) sera développée sur deux sens (face et rive), et le développement ajouté à la hauteur de la croisée.

Celle *élégie sur 2 faces* (pour plus-value dito) sera développée : 2 faces et une rive, et ce développement ajouté à la hauteur de la croisée.

Les mêmes *élégies à boudin*, style Louis XV, en analogie avec cette figure seront développées sur les quatre côtés, et le développement ajouté à la hauteur de la croisée.

Pour *les mêmes, plus élégies sur 2e face*, il sera ajouté en plus que ci-dessus, la largeur de cette 2e face élégie.

CINTRES EN ÉLÉVATION DES CROISÉES.

Toute *croisée ou imposte* cintrée sera prise à sa plus grande hauteur, sans déduction des angles vides pour quelque cintre que ce soit.

Les cintres de croisée se mesurent extérieurement. La corde de toute largeur de croisée.

Pour *tout cintre en élévation*, jusqu'a 0.30 de flèche, il sera ajouté à la hauteur,

Savoir :

1° — Pour la traverse dormante et le dessus des traverses de chassis cintrés.. 0.30 centimètres.

2° — Pour traverse dormante et châssis cintrés intérieurement. 0.40 centimètres.

Toute *partie cintrée* au-dessus de 0.30 de flèche sera doublée en hauteur.

Lorsque la traverse dormante ne sera pas cintrée sur la rive extérieure, la plus-value n'en sera pas diminuée, et les assemblages en plus seront payés séparément.

Les *petits-bois rayonnants* des impostes cintrées seront payés à la pièce comme les petits-bois montants ci-dessus. Savoir :

Epaisseur de 0.034...........	0f25	centimes l'un.
— de 0.041...........	0f28	—
— de 0.054...........	0f37	—

Pour ceux à richeprofil et ceux sans moulure, voir les petits-bois montants des croisées.

Les *traverses de petits-bois cintrées* prendront la plus-value de traverses de petits-bois droites, en y ajoutant 2 fois la hauteur de la flèche desdites traverses de petit-bois.

Les *trompillons* seront payés séparément. (Le profil fait par le tourneur.). A savoir :

De 0.034 à 0.045.......................	0f50
De 0.045 à 0.060.......................	0f70

Pour les *cintres irréguliers* à anse de panier et autres, il sera alloué 8/10 en plus que les cintres ordinaires.

Les *vaux ou tapées* rapportés, collés pour rélargir les bois cintrés, seront payés en plus.

Toute partie droite à l'extrémité d'un même cintre, jusqu'à 0m50 de longueur, comptera comme si elle était cintrée.

Les *largeurs des dormants* sont pour le carré de leur épaisseur. Chaque centimètre de largeur en plus comptera pour 0.02 ajouté à la largeur des croisées. (Ceux en moins ne seront pas déduits.)

Article 13.

—

Persiennes

ET

Portes-Persiennes

à un vantail
non compris traverse milieu
(au mètre linéaire)
de hauteur.

Épaisseurs.		Largeurs. 0.40	0.60	0.80	1.00
Jusqu'à 0.034	Tout sapin	1.27	1.57	1.88	2.18
	Bâti chêne, lames sapin	1.44	1.75	2.03	2.30
	Tout chêne	1.64	1.95	2.25	2.55
de 0.035 à 0.045	Tout sapin	1.44	1.75	2.02	2.30
	Bâti chêne, lames sapin	1.71	2.00	2.30	2.60
	Tout chêne	1.94	2.26	2.58	2.90
de 0.046 à 0.054	Tout sapin	1.93	2.38	2.97	3.08
	Bâti chêne, lames sapin	2.31	2.79	3.25	3.67
	Tout chêne	2.75	3.27	3.75	4.30

OBSERVATIONS ET PLUS-VALUES.

Les prix ci-dessus sont pour chaque vantail de persienne ou porte-persienne. Les *montants intermédiaires* détermineront le nombre de vantaux, c'est-à-dire qu'une persienne de 1m20 d'une seule largeur, avec un montant milieu, sera prise comme deux vantaux de persienne de 0m60 de large.

Les *vantaux de persiennes*, au-dessous de 0m40 de large, seront payés au prix de 0m40.

Toute persienne moindre de *un mètre* de haut sera comptée au prix d'un mètre.

Pour chaque *traverse intermédiaire*, il sera ajouté à la hauteur de la persienne :

Pour celle unie .... 0.20 centimètres.
Pour celle élégie .... 0 25 —
Pour chaque lame assemblée à tenons, il sera ajouté dito .... 0.10 —

Aux persiennes *jusqu'à 0m034*, qui auront des lames de 0.015 d'épaisseur, le prix du mètre sera augmenté de 1/10

Les mêmes avec lames de 0.015 à 0.020 .... 2/10

Les mêmes avec lames de 0.020 à 0.025 .... 3/10

Aux persiennes *de 0.041*, avec lames de 0.016 à 0.020 .... 1/10

Les mêmes avec lames de 0.020 à 0.025 .... 2/10

Aux persiennes *de 0.054*, avec lames de 0.020 à 0.025 .... 1/10

Les persiennes avec *moulures sur lames* seront augmentées de 1/10 du prix.

Les persiennes avec *lames mobiles* à tourillons seront augmentées de 1/10 du prix.

Pour les persiennes *avec lames mobiles à feuillures ou moulures sur rives*, se fermant ou formant panneau droit, il sera ajouté 3/10 du prix.

Aux persiennes *dites à l'italienne*, à panneau ouvrant à l'intérieur, il sera ajouté à la hauteur de la persienne, comme plus-value, *un mètre vingt-cinq centimètres*.

Toute *persienne faite seule*, jusques et y compris trois vantaux, sera augmentée de 3/10 du prix du mètre.

Les *persiennes feintes* (grossièrement affleurèes derrière) seront diminuées de $^1/_{10}$ du prix.

Les *feuillures, moulures, embrèvements, bâtis*, etc., sont payés séparément.

Un *jet d'eau* comptera comme excédant en moulure 4 parements et les flottages séparément.

APPUIS DE PORTES-PERSIENNES.

Les *appuis de portes-persiennes* (mesurés du milieu de la traverse qui les sépare, jusqu'au bas de la traverse basse), seront considérés comme persiennes, lorsqu'ils ne dépasseront pas 0m50 de hauteur. La traverse d'appui comme traverse intermédiaire.

Ceux au-dessus de 0m50 seront considérés comme lambris suivant leur nature.

Les *arrêts, barbes rallongées* et travaux en plus seront payés séparément.

VOLETS-PERSIENNES.

Toute *partie haute* de volet avec lames de persiennes par le haut, jusqu'à 0.60 de hauteur (du milieu de la traverse qui les sépare, jusqu'au plus haut), sera comptée comme persienne de 0.60 de haut, sans plus-value de hauteur.

Les volets *figurant persiennes* en parcloses rapportées seront considérés comme lambris (les parcloses prises séparément pour leur valeur).

CINTRES EN ÉLÉVATION.

Toute *persienne ou porte-persienne* sera prise à sa plus grande hauteur, sans déduction des angles vides, pour quelque cintre que ce soit.

Pour toute *traverse cintrée* extérieurement et intérieurement sans lame dans le cintre, il sera ajouté à la hauteur de la persienne 0m20 centimètres.

Pour *lames dans le cintre* il sera alloué les plus-values suivantes, savoir :

Jusqu'à 0m20 de flèche intérieure de traverse, il sera ajouté à la hauteur, pour chaque extrémité de lame dans le cintre.......... 0m18 centimètres.

De 0m21 à 0m30 de flèche dito chaque extrémité. 0m13 —

Au-dessus de 0m30 de flèche dito — — 0m10 —

Aux persiennes cintrées sur le dessus de la traverse, le chantournement sera payé séparément.

2° OUVRAGES AU MÈTRE SUPERFICIEL.

Article 16.

—

Bois unis en planches entières compris languettes rapportées aux fortes épaisseurs.

Épaisseurs de	0.010 à 0.015	0.016 à 0.027	0.028 à 0.034	0.035 à 0.041	0.042 à 0.054	0.055 à 0.065	0.06[illegible] à 0.0[illegible]
Sapin.							
BRUT. — Cloué sur barres ou autres, non coupé non dressé	0.11	0.13	0 15	0.18	0 25	0.30	0.3[illegible]
BRUT. — Cloué, dito, plus dressé sur rives	0 17	0.21	0.27	0.34	0.49	0.59	0 7[illegible]
BRUT. — Dressé, rainé, non cloué ni coupé	0.28	0 35	0.42	0.50	0.79	0.93	1.4[illegible]
BRUT. — En plus pour équarri à la scie au pourtour	0.08	0.10	0.12	0.16	0.20	0.25	0.30
1 PAREMENT. — Dressé	0.38	0.42	0.49	0.57	0.93	1.06	1.30
1 PAREMENT. — Plus rainé	0.50	0.55	0.65	0.78	1.26	1.38	1.75
1 PAREMENT. — Plus collé	0.57	0.64	0.75	0.90	1.41	1 55	1.95
1 PAREMENT. — Plus coupé, dressé	0.65	0 74	0.87	1 04	1.58	1.73	2.17
1 PAREMENT. — Plus équarri, 3 ou 4 côtés	0 69	0.78	0.91	1 10	1.66	1 82	2.26
2 PAREMENTS. — Dressé	0 66	0.72	0.78	0.93	1.39	1.60	1.82
2 PAREMENTS. — Plus rainé	0 78	0 84	0 93	1 13	1.75	2.06	2.35
2 PAREMENTS. — Plus collé	0.86	0.93	1 03	1 25	1.80	2.20	2.54
2 PAREMENTS. — Plus coupé, dressé	0.94	1 03	1.15	1.39	2 06	2 40	2.76
2 PAREMENTS. — Plus équarri, 3 ou 4 côtés	0.97	1.07	1.19	1.45	2.14	2 49	2 90
Rainé, collé, EMBOITÉ A LANGUETTE ET RAINURE, 1 parement	1.00	1 12	1.26	1.48	2.00	2.25	2 85
Dito, dito, 2 parements	1.3)	1 45	1.60	1.80	2.60	3.00	3.50
Pour *chevauché*, en plus	0.12	0.15	0.18	0 21	0 25	0 28	0 31
Chêne.							
BRUT. — Cloué sur barres, ou autres, non coupé, non dressé	0.14	0.17	0.19	0.24	0.32	0.40	0.50
BRUT. — Cloué dito, plus dressé sur rives	0.24	0.34	0.39	0.52	0.82	0.93	1 10
BRUT. — Dressé, rainé, non coupé ni cloué	0.36	0.48	0.60	0.78	1 20	1.44	1.70
BRUT. — En plus pour équarri à la scie au pourtour	0.12	0 14	0 16	0 22	0.28	0.34	0.40
1 PAREMENT. — Dressé	0.70	0.86	1.00	1.16	1.48	1.64	1.80
1 PAREMENT. — Plus rainé	0 90	1.14	1.32	1 56	2.04	2 32	2.60
1 PAREMENT. — Plus collé	0.99	1.25	1.45	1.72	2.23	2.53	2 83
1 PAREMENT. — Plus coupé, dressé	1 09	1.37	1.59	1.90	2.47	2.80	3.14
1 PAREMENT. — Plus équarri, 3 ou 4 côtés	1.13	1 42	1.65	1.96	2 53	2.87	3.21
2 PAREMENTS. — Dressé	1 26	1 50	1.61	1 92	2.30	2.47	2.65
2 PAREMENTS. — Plus rainé	1.44	1.82	1.94	2.36	2.96	3 23	3.50
2 PAREMENTS. — Plus collé	1.53	1.93	2.07	2.52	3 15	3.44	3.73
2 PAREMENTS. — Plus coupé, dressé	1.63	2 05	2.21	2 70	3.39	3.71	4.04
2 PAREMENTS. — Plus équarri, 3 ou 4 côtés	1.67	2 10	2.27	2.76	3.45	3.78	4.11
Rainé, collé, EMBOITÉ A LANGUETTE ET RAINURE, 1 parement	1.40	1.70	1.97	2.25	2 90	3.30	3.80
Dito, dito, 2 parements	1.98	2.44	2.61	3.12	3 88	4.36	4.80
Pour *chevauché*, en plus	0.18	0.22	0.25	0.28	0.32	0.35	0.38

OBSERVATIONS ET PLUS-VALUES

Aux *parties brutes* ci-dessus, la pose des barres sera comptée en plus. — *Article 2.*

Les parties en *peuplier ou grisard* prendront le prix moyen entre chêne et sapin.

Les *parties emboîtées* étant comptées au tableau pour emboîtures à l'anglaise, les assemblages d'emboîtures seront payés séparément, comme faits sur chêne.

Il est dû *un mètre linéaire d'emboîture* par mètre superficiel de partie emboitée.

Pour celles *en plus ou en moins*, il sera ajouté ou diminué savoir :

Par mètre linéaire d'emboîture, en plus ou en moins.	0m20 *centimètres de surface* aux parties pleines en sapin. 0m15 *centimètres de surface* aux parties pleines en chêne.

L'équarrissage des parties emboîtées ne sera compté que lorsque lesdites parties seront ajustées entre bâti.

Toute partie *encadrée au pourtour* sera prise comme lambris assemblé suivant sa nature.

Pour *emboîture d'onglet*, les assemblages faits au ciseau seront comptés comme tels (carrément et d'onglet) au tableau alphabétique.

Les *clefs* seront payées séparément à la pièce (voir *Tableau alphabétique.*)

Les parties pleines, *assemblées à tenons et celles à queues*, seront comptées aux prix du Tableau comme équarries, et chaque assemblage à tenons ou à queues payé séparément, de même que l'embrèvement des parties assemblées à tenons.

Les *embrèvements, feuillures, baguettes moulures*, etc., seront développés et payés séparément (les *triglyphes* sur joints, comptés comme deux chanfreins.)

Toute partie pleine *posée, clouée*, sera augmentée de $^{2}/_{10}$ du prix.

Pour celles montées en embrèvement, voir article 6, au mètre linéaire.

Les *parties biaises* seront mesurées au plus long, quand elles seront coupées, équarries, ou emboîtées, et prises pour leur surface réelle, si elles ne sont que rainées collées.

PETITES PARTIES

Pour toute partie en *petite surface*, il sera alloué les plus values suivantes, savoir :

A celles	de 0.60 à 0.69	de surface	$^{1}/_{10}$ de leur surface.
dito.	0.50 à 0.59	—	$^{2}/_{10}$ dito.
dito.	0.40 à 0.49	—	$^{3}/_{10}$ dito.
dito.	0.30 à 0.39	—	$^{4}/_{10}$ dito.
dito.	0.21 à 0,29	—	$^{5}/_{10}$ dito.
dito.	0.15 à 0.20	—	$^{8}/_{10}$ dito.
dito.	jusqu'à 0.15	—	$^{10}/_{10}$ dito.

OUVRAGES EN FRISES.

Les *ouvrages en frises*, montés à l'atelier, seront payés aux prix du tableau ci-dessus suivant leur façon, en ajoutant les plus-values ci-après. Ces plus-values se reportent également sur les prix de collage et chevauché.

	Parties non emboîtées.	Parties emboîtées.
Pour frises de 0.08 à 0.10 de large...	$^{5}/_{10}$	$^{4}/_{10}$
— 0.105 à 0.125 —	$^{4}/_{10}$	$^{3}/_{10}$
— 0.13 à 0.15 —	$^{3}/_{10}$	$^{2}/_{10}$
— 0.155 à 0.18 —	$^{2}/_{10}$	$^{1}/_{10}$

Les panneaux ou autres parties, en *frises obliques*, seront augmentés de $^{3}/_{10}$ sur les prix de frises ordinaires. Les parties en *planches obliques* prendront la même plus-value, appliquée aux prix de parties pleines.

POLI.

Pour *fini avec soin, preparé au poli*, il sera alloué pour chaque parement chêne ou sapin.. 0 45 c.

En plus, pour *poli à l'encaustique*, pour chaque parement.......... 0 15

Pour *poli à la cire dure*, en plus que ci-dessus.................... 0 50

Article 17.

Parquets de Glace

Bâti assemblé, corroyé, chanfreiné, Panneaux bruts (à quatre panneaux par mètre.)

		Tout sapin.	Chêne et sapin.	Tout chêne.
Bâti jusqu'à 0.027 d'épaisseur		1.60	1.90	2.50
— de 0.028 à 0.034 d'épaisseur		1.90	2.30	3.00
Ajouter pour panneaux blanchis		0.30	0.30	0.50
Pour chaque panneau en plus de 4 par mètre..	Bois brut....	0.15	0.15	0.22
	— blanchis.	0.20	0.20	0.30

Lorsque les *montants et traverses* d'intérieur, seront assemblés à tenons, ces assemblages seront payés en plus. (*Tableau alphabétique.*)

Article 18.

Faces d'armoire
à un panneau de porte
de 0.015m d'épaisseur *par mètre superficiel de face d'armoire.*

Mesurées extérieurement, compris dessus de porte, entre bati. Les parties pleines au pourtour des bâtis ou en retour, jusqu'à 0m40 de large chacune seront comprises dans la surface.

		Epaisseurs des bâtis.				
		Tout 0.027	0.034 et 0.027	Tout 0.034	0.041 et 0.027	0.041 et 0.034
A GLACE aux 2 parements.	**Tout sapin**	1.98	2.09	2.20	2.20	2.32
	Panneau en plus	0.49	0.52	0.55	0.55	0.58
	Premier bâti chêne	2.21	2.32	3.43	2.43	2.55
	Panneau en plus	0.55	0.58	0.61	0.61	0.64
	Les deux bâtis chêne	2.37	2.48	2.61	2.59	2.75
	Panneau en plus	0.66	0.69	0.74	0.73	0.77
	Tout chêne	2.60	2.71	2.86	2.82	3.02
	Panneau en plus	0.78	0.81	0.86	0.85	0.90
ARASÉ et à glace.	**Tout sapin**	2.13	2.24	2.35	2.35	2.47
	Panneau en plus	0.53	0.56	0.59	0.59	0.62
	Premier bâti chêne	2.34	2.45	2.56	2.56	2.68
	Panneau en plus	0.58	0.61	0.64	0.64	0.67
	Les deux bâtis chêne	2.60	2.71	2.84	2.82	2.98
	Panneau en plus	0.73	0.76	0.80	0.79	0.84
	Tout chêne	2.97	3.08	3.23	3.10	3.30
	Panneau en plus	0.89	0.92	0.97	0.96	1.01
ARASÉ aux 2 parements affleurant ou non	**Tout sapin**	2.25	2.36	2.47	2.47	2.59
	Panneau en plus	0.56	0.59	0.62	0.62	0.65
	Premier bâti chêne	2.55	2.66	2.77	2.77	2.89
	Panneau en plus	0.63	0.66	0.69	0.69	0.72
	Les deux bâtis chêne	2.85	2.96	3.09	3.07	3.23
	Panneau en plus	0.79	0.82	0.86	0.85	0.90
	Tout chêne	3.20	3.31	3.46	3.42	3.62
	Panneau en plus	0.96	0.99	1.04	1.02	1.08

OBSERVATIONS.

Les prix ci-dessus sont établis pour des faces dites *placards d'armoire* ordinaires blanchis derrière.

En conséquence les faces d'armoires seront détaillées pour leur travail, en lambris, bâtis, et parties adhérentes, dans les cas suivants, savoir :

1° Lorsqu'elles figureront face de meuble, coffre, soubassement, etc.

2° Lorsque le premier bati aura *plus de 0m041* d'épaisseur ou les batis de porte *plus de 0m034.*

3° Lorsque les portes seront *à petits cadres* ou seulement à plate-bande ou moulures rapportées.

Les armoires avec *portes emboîtées* compteront, comme à glace, 2 parements, et la porte entière comme un panneau (sans surépaisseur).

Nota. Les feuillures sur portes ne seront pas comptées en plus.

PLUS-VALUES.

Aux armoires avec *traverses ou montants intermédiaires de bâti dormant,* il il sera ajouté sur la mesure de l'armoire, savoir :

Pour *un cours* de montant milieu de toute hauteur de portes, *0m12 centimètres* à la largeur.

Pour *un cours* de traverse intermédiaire de toute largeur des portes *0m12 centimètres* à la hauteur.

Les plus-values de sur épaisseur, celles de peuplier ou grisard, etc., qui sont applicables aux panneaux de porte (article 24), seront appliquées à la surface de la porte seulement. Mais aux armoires dont les panneaux des portes, le dessus de portes et les alaises sur bâti seraient en peuplier ou grisard, cette plus-value serait portée sur toute la surface de l'armoire.

Article 19. — **Lambris unis** d'assemblage. Panneaux jusqu'à 0.015 d'épaisseur, jusqu'à un panneau par mètre (sans plates-bande).	1er parement		Façon du 2e parement.	Epaisseurs de Bâtis. Jusqu'à 0.027	0.028 à 0.034	0.035 à 0.041	0.042 à 0.054	0.055 à 0.065	0.066 à 0.080	0.081 à 0.110
	A GLACE	**Tout sapin**	**Brut**	1.44	1.50	1.85	2.31	2.69	3.11	3.91
			Panneau en plus	0.39	0.40	0.49	0.61	0.70	0.79	0.89
			A glace aux 2 parements	1.67	1.75	2.14	2.69	3.16	3.63	4.52
			Panneau en plus	0.45	0.46	0.58	0 71	0.81	0.92	1.03
		Bâti chêne panneau sapin	**Brut**	1.70	1.80	2.10	2.64	3.12	3.60	4.64
			Panneau en plus	0.43	0.48	0.58	0.70	0.81	0.91	1.01
			A glace aux 2 parements	1.98	2.08	2 46	3.06	3.64	4.20	5 22
			Panneau en plus	0.51	0.55	0.66	0.84	0.95	1.07	1.19
		Tout chêne	**Brut**	2.04	2.16	2.52	3.00	3.47	3.96	4.95
			Panneau en plus	0.52	0.58	0.71	0.84	0.90	0 97	1.04
			A glace aux 2 parements	2.34	2.48	2.90	3.42	4.02	4.62	5.80
			Panneau en plus	0.61	0.68	0.83	0.91	1.02	1.13	1.24
	ARASÉ affleurant ou non ou à *Table saillante.*	**Tout sapin**	**Brut**	1.50	1.63	1.96	2.44	2.80	3.27	4.13
			Panneau en plus	0.43	0.46	0.53	0.65	0.76	0 87	0.98
			A glace	1.77	1.87	2.27	2.87	3.29	3.79	4.73
			Panneau en plus	0.47	0.54	0.62	0.78	0.88	0.99	1.22
			Arasé aux 2 parements	1.90	2.04	2.45	3.08	3.54	4.08	5.14
			Panneau en plus	0.54	0.57	0.64	0.82	0.97	1.12	1 28
		Bâti chêne panneau sapin	**Brut**	1.80	1.92	2.22	2.82	3.31	3.90	4.98
			Panneau en plus	0.52	0.55	0.66	0.77	0.86	0.97	1.09
			A glace	2.09	2.24	2.60	3.27	3.89	4.56	5.80
			Panneau en plus	0.61	0.65	0.76	0.95	1.05	1.17	1.32
			Arasé aux 2 parements	2.21	2.40	2.79	3.51	4.16	4.86	6.18
			Panneau en plus	0.65	0.74	0 85	0.94	1.08	1.23	1.42
		Tout chêne	**Brut**	2.19	2.32	2.68	3.19	3.66	4.20	5.28
			Panneau en plus	0.60	0.66	0.78	0.91	0.98	1.10	1.23
			A glace	2.49	2.65	3.10	3.66	4.29	4.92	6.18
			Panneau en plus	0.71	0.78	0.93	1.02	1.13	1.30	1 48
			Arasé aux 2 parements	2.62	2.82	3.32	4.14	5.14	6.14	8.15
			Panneau en plus	0.78	0.82	0.94	1.04	1.33	1.62	1.95

OBSERVATIONS.

Les *barbes rallongées* au droit des tables saillantes sur lambris unis seront payées en plus. (Voir *Tableau alphabétique.*)

Pour panneaux *peuplier ou grisard* et toutes les plus-values des lambris, voir article 24.

Article 20.

Portes charretières

Les *portes charretières* ordinaires feront partie de cet article. Les panneaux cloués sur bâtis seront considérés comme embrevés et arasés à un parement.

Les *écharpes et croix de Saint-André* se compteront au mètre linéaire comme bâtis montés (article 11) avec les plus-values d'assemblages biais et assemblages en plus d'un par mètre.

Les traverses *assemblées derrière* détermineront le nombre des panneaux, comme si ils étaient de l'épaisseur du bâti.

Les *gueules-de-loup, arrondis, feuillures, baguettes, moulures, entailles à travers panneaux, élégissements*, etc., seront comptés séparément.

Les *bâtis* sur guichet seront payés en plus (article 11), de même que les feuillures ou autres nécessitées par l'ouverture du guichet.

Pour panneaux *par frises,* voir article 24.

Article 21.

—

Lambris

Petits Cadres

Panneau jusqu'à 0m015 d'épaisseur et jusqu'à un panneau par mètre largeur de profil jusqu'à 0m02 et sans *plate-bande*.

	Façon du 2e parement.	Épaisseur du bâti.						
		Jusqu'à 0.027	0.028 à 0.034	0.035 à 0.041	0.042 à 0.054	0.055 à 0.065	0.066 à 0.080	0.081 à 0.110
Tout sapin.	**Brut**	1.63	1.77	2.02	2.71	3.10	3.50	4.30
	Panneau en plus	0.44	0.46	0.55	0.62	0.65	0.68	0.76
	1 centimètre de profil en plus.	0.18	0.18	0.25	0.26	0.27	0.28	0.30
	Panneau en plus dudit	0.04	0.05	0.06	0.07	0.08	0.09	0.10
	A Glace	1.88	2.06	2.10	3.02	3.36	3.73	4.57
	Panneau en plus	0.50	0.54	0.62	0.74	0.79	0.83	0.94
	1 centimètre de profil en plus.	0.18	0.18	0.25	0.26	0.27	0.28	0.30
	Panneau en plus dudit	0.04	0.05	0.06	0.07	0.08	0.09	0.10
	Arasé	2.09	2.25	2.59	3.23	3.57	3.94	4.80
	Panneau en plus	0.56	0.58	0.66	0.80	0.86	0.91	1.03
	1 centimètre de profil en plus.	0.18	0.18	0.25	0.26	0.27	0.28	0.30
	Panneau en plus dudit	0.04	0.05	0.06	0.07	0.08	0.09	0.10
	A petits cadres aux 2 parements	2.15	2.33	2.70	3.34	3.76	4.03	4.92
	Panneau en plus	0.58	0.63	0.75	0.86	0.89	0.93	1.05
	1 centimètre de profil en plus.	0.25	0.27	0.29	0.31	0.33	0.35	0.38
	Panneau en plus dudit	0.06	0.07	0.09	0.08	0.10	0.11	0.12
Bâti chêne. Panneau sapin.	**Brut**	2.00	2.19	2.50	3.17	3.51	3.92	4.76
	Panneau en plus	0.52	0.56	0.65	0.78	0.83	0.87	0.96
	1 centimètre de profil en plus.	0.26	0.27	0.31	0.38	0.40	0.42	0.44
	Panneau en plus dudit	0.06	0.06	0.07	0.09	0.10	0.11	0.12
	A Glace	2.34	2.56	2.87	3.54	3.98	4.40	5.20
	Panneau en plus	0.58	0.65	0.78	0.86	0.94	0.96	1.02
	1 centimètre de profil en plus.	0.26	0.27	0.32	0.38	0.40	0.42	0.44
	Panneau en plus dudit	0.06	0.06	0.07	0.09	0.10	0.11	0.12
	Arasé	2.56	2.75	3.12	3.84	4.29	4.78	5.62
	Panneau en plus	0.63	0.71	0.80	0.96	1.00	1.05	1.14
	1 centimètre de profil en plus.	0.26	0.28	0.32	0.39	0.41	0.43	0.45
	Panneau en plus dudit	0.06	0.06	0.07	0.09	0.10	0.11	0.12
	A petits cadres aux 2 parements	2.70	2.94	3.31	4.02	4.47	4.92	5.82
	Panneau en plus	0.69	0.74	0.84	1.04	1.08	1.12	1.20
	1 centimètre de profil en plus.	0.32	0.38	0.44	0.48	0.50	0.52	0.55
	Panneau en plus dudit	0.07	0.08	0.10	0.12	0.14	0.15	0.17
Tout chêne.	**Brut**	2.25	2.50	2.83	3.48	3.91	4.37	5.26
	Panneau en plus	0.58	0.63	0.71	0.91	0.95	0.99	1.05
	1 centimètre de profil en plus.	0.26	0.27	0.32	0.38	0.40	0.42	0.44
	Panneau en plus dudit	0.06	0.06	0.07	0.10	0.12	0.13	0.15
	A Glace	2.69	2.93	3.26	3.93	4.36	4.82	5.73
	Panneau en plus	0.65	0.71	0.80	0.97	1.03	1.08	1.15
	1 centimètre de profil en plus.	0.26	0.27	0.32	0.38	0.40	0.42	0.44
	Panneau en plus dudit	0.06	0.06	0.07	0.10	0.12	0.14	0.16
	Arasé	2.87	3.15	3.32	4.20	4.63	5.10	6.10
	Panneau en plus	0.71	0.77	0.80	1.03	1.10	1.18	1.33
	1 centimètre de profil en plus.	0.26	0.28	0.32	0.39	0.41	0.43	0.45
	Panneau en plus dudit	0.06	0.06	0.07	0.10	0.12	0.14	0.16
	A petits cadres aux 2 parements	3.00	3.34	3.73	4.55	4.98	5.45	6.88
	Panneau en plus	0.75	0.80	0.91	1.20	1.25	1.30	1.40
	1 centimètre de profil en plus	0.32	0.39	0.45	0.50	0.53	0.55	0.57
	Panneau en plus dudit	0.07	0.08	0.10	0.12	0.14	0.16	0.18

OBSERVATIONS.

La *largeur du profil* est prise sur la largeur du battant, sans développer les corps de moulure.

Par chaque *deux centimètres de largeur de profil*, il est dû un corps de moulure.

Pour chaque *corps de moulure* en plus, il sera ajouté au prix du mètre superficiel :

Pour sapin.. 0f08 c.
Pour chêne.. 0f10

Dito : Sur chaque panneau en plus :

Pour sapin.. 0.03 c.
Pour chêne.. 0.04 c.

Les *corps de moulures* en moins ne seront pas déduits.

Pour panneaux *peuplier ou grisard* et toutes les plus-values des lambris. (Voir article 24.)

Les parties à petits cadres, avec **listels rapportés**, seront prises à cet article, le profil compté jusqu'au dehors du listel, l'élégi comme corps de moulure, et façon et pose des listels séparément.

Les portes ou parties à **petits-cadres**, dans lesquelles il y aurait des panneaux changeant de profil, seront comptées au prix du plus riche profil.

Tout travail en plus, tel que *dérasements, entailles, rainures au bedane, arrêts, parclôses rapportées*, etc.; seront payés en plus.

Toute **alaise** embrevée, faite accidentellement sur la rive intérieure d'un battant ou d'une traverse de petits cadres, sera comptée en plus au mètre linéaire ; comme corroyage, quatre parements, rainure, languette et collage. Celles collées à plat joint, corroyage 4 parements et collage à plat joint. (Article 5.)

Pour les *portes à glace*, à petits cadres figurant porte-croisée d'un côté, et petits ou grands cadres de l'autre. Le prix sera comme châssis, et comme petit ou grand cadre, pour moitié de l'épaisseur des bâtis, et chacun un parement.

Article 22.

Lambris Grands cadres

Embrevés ou par moulures rapportées.
Panneaux jusqu'à 0.018 d'épaisseur
Profil jusqu'à 0,04 cent. sans plat. bande ;
Jusqu'à un panneau par mètre.

	Façon du 2e parement.	Epaisseurs du Bâti. Jusqu'à 0.027	0 028 à 0.034	0.035 à 0.041	0.042 à 0.054	0.055 à 0 065	0.066 à 0.080	0.081 à 0.110	Chaque centimètre de profil en plus.
Tout sapin.	**Brut.**	2 35	2.73	3.46	4.04	4.85	5 70	7.40	0.17
	Panneau en plus	0.57	0.64	0.80	1.00	1 23	1.44	1.87	0 05
	A Glace.	2.70	3.18	3.68	4.69	5.58	6.67	8.67	0.20
	Panneau en plus	0.66	0.76	0.92	1.18	1 39	1.63	2.14	0.05
	Arasé ou **petits cadres**	2.90	3 42	3.95	4.02	6.09	7 17	9.34	0.20
	Panneau en plus	0.73	0.82	0.99	1.25	1.49	1.80	2 34	0.06
	Grands cadres 2 parements.	3.07	3 64	4 22	5.36	6.50	7.64	9.81	0.22
	Panneau en plus	0.78	0.89	1.05	1.34	1.60	1 91	2.47	0.06
Bâti chêne Cadres et Panneaux sapin.	**Brut.**	2.52	2.96	3 47	4.30	5.13	5.97	7.64	0 20
	Panneau en plus	0 63	0.70	0.87	1.08	1 28	1.49	1 92	0 05
	A Glace.	2 93	3.44	4 06	5.00	5.83	6.95	8.90	0.24
	Panneau en plus	0.73	0.87	1.02	1.25	1.45	1.68	2.19	0.06
	Arasé ou **petits cadres**	3.14	3.68	4.33	5.37	6.40	7 43	9.54	0.24
	Panneau en plus	0.78	0.89	1.08	1 35	1 59	1.86	2.36	0.06
	Grands cadres 2 parements.	3 36	3.94	4.63	5.72	6.84	7.95	10.18	0.27
	Panneau en plus	0.86	0.95	1.15	1 42	1.70	1 99	2.53	0.07
Bâti et cadres chêne Panneau sapin ou *Bâtis et Panneaux en chêne et Cadres sapin.*	**Brut.**	2.78	3.20	3.82	4.63	4.46	6.29	7.94	0 22
	Panneau en plus	0.68	0.78	0.91	1.16	1 36	1.56	1.99	0.06
	A Glace.	3.21	3.73	4.49	5.40	6 24	7.40	9.40	0.26
	Panneau en plus	0.81	0.92	1.13	1.34	1.55	1.78	2 30	0.07
	Arasé ou **petits cadres**	3.45	3.99	4.79	5.79	6.85	7.88	10.00	0.26
	Panneau en plus	0.86	1.60	1.19	1.45	1.71	1.96	2.47	0.07
	Grands cadres 2 parements.	3.68	4.27	5.11	6 17	7.28	8.36	10 50	0.30
	Panneau en plus	0.91	1 05	1 28	1.54	1.88	2.09	2.63	0.08
Tout chêne.	**Brut.**	3.04	3.48	4.16	5.04	5.93	6 83	8.63	0.23
	Panneau en plus	0.76	0 86	1.04	1.25	1.47	1.70	2.15	0 07
	A Glace.	3.54	4.07	4.86	5.89	6.93	7.97	10.02	0 28
	Panneau en plus	0.90	1.02	1.21	1.47	1.72	1 98	2 49	0.08
	Arasé ou **petits cadres**	3.79	4 35	5.18	6.42	7.50	8.58	10.73	0.28
	Panneau en plus	0.95	1.07	1.30	1.60	1.86	2.14	2 67	0.08
	Grands cadres 2 parements.	4 05	4.64	5.54	6.72	7.92	9.14	11.45	0.32
	Panneau en plus	1.02	1.15	1.38	1.66	1.96	2.26	2.75	0.09

OBSERVATIONS

La largeur du profil à grands cadres est prise de toute la largeur de cadre sans développer les corps de moulure.

Pour chaque *deux centimètres de profil* il est dû un corps de moulure.

Pour chaque *corps de moulure* en plus, il sera ajouté par mètre superficiel :

Pour sapin .... 0'08
Pour grisard .... 0'09
Pour chêne .... 0'10

Dito : sur chaque panneau en plus :

Pour sapin .... 0'06
Pour grisard .... 0'07
Pour chêne .... 0'08

Les *corps de moulures* en moins ne seront pas déduits.

Pour les panneaux ou les cadres en *peuplier* ou *grisard*, et pour toutes les plus-values de lambris. — Voir article 24.

Les lambris à **cadres embrevés non saillants**, prendront les prix du tableau ci-dessus, déduits de 1/20. (La largeur du profil prise du fond de l'embrèvement du cadre.) Les corps de moulure qui se trouveraient sur bâti se développeront au mètre linéaire, et les coupes d'onglet sur bâtis payées en plus.

Les parties à grands cadres dont le double parement sera à *petits cadres*, seront payées aux prix des lambris à grands cadres et arasés derrière. (Les corps de moulures en plus.)

Les parties à grands cadres dans lesquelles il y aurait des panneaux à *petits cadres*, ne seront pas distinguées des lambris à grands cadres, et seront payées aux mêmes prix, lorsque ces parties à petits cadres ne dépasseront pas 0.60 centimètres de surface.

Sur les lambris dont la **saillie des cadres** excèdera 0.010 millimètres, pour épaisseur de bâti jusqu'à 0.034 — 0.012 m. pour bâti de 0.041 — et 0.015 m. pour bâti de 0.054 et au-dessus. Il sera ajouté au prix du mètre, savoir :

Pour chaque parement et pour chaque 0m005 m. de saillie en plus

Cadre sapin............................	0 fr. 22 centimes.
Cadre chêne..........................	0 30 dito.

Aux *cadres embrevés en plusieurs parties*, le profil sera pris à sa largeur et figure apparente, et les rives dressées en plus, de même que les embrèvements seront comptées au mètre linéaire.

Aux lambris à grands cadres par **moulures rapportées**, les plates-bandes compteront de tout leur développement réel.

Les lambris a grands cadres, dont les *cadres embrevés*, moulurés seront fournis par l'entrepreneur, seront diminués d'un dixième du prix total

Les lambris par *moulures rapportées* dont les cadres seront fournis tout façonnés par l'entrepreneur, seront comptés comme lambris uni et la pose des moulures séparément, de même que les barbes rallongées et feuillures sur cadres si elles existent.

Article 23.

—

Portes cochères.

Les *portes cochères* seront détaillées suivant leur nature.

Les *lambris* feront partie des articles ci-dessus.

Les *bâtis* payés au mètre linéaire (article 11.)

Et les autres travaux pour leur valeur.

Comme plus-value de *montages* desdites parties ensemble, il sera alloué sur la surface totale de la porte cochère, compris bâtis, savoir :

A celles avec 1er bâti de 0.08 et 2me bâti de 0m054 ... *2 fr. 00 par mètre superficiel.*

A celles avec 1er bâti de 0.11 et 2me bâti de 0.08 .... *3 fr. 00 par mètre superficiel.*

Les *doubles panneaux* seront comptées en plus pour leur travail.

Les parements bruts non déduits.

Tout *panneau d'assemblage* pour soubassement, appliqué sur bâti et figurant table saillante, sera compté comme lambris corroyé derrière, suivant sa nature et ses panneaux en plus d'un par mètre. Et ce prix de lambris et panneaux en plus sera augmenté des 5/10 pour plus-value d'ajustement, collages, onglets à travers champs préparé au poli et montage sur bâti embrevé ou non.

Lorsque les petits panneaux dudit seront en fausse coupe la dite plus-value sera de 1/10.

Article 24. — Différences et plus-values

applicables aux Lambris des articles 18, 19, 20, 21, 22 et 23.

§ 1er.

LARGEUR DES BATTANTS ET TRAVERSES

La *largeur réduite* des battants et traverses (non compris la largeur du profil) est fixée pour les prix des tableaux, de la manière suivante :

Jusqu'à 0.041 d'épaisseur.................. 0m11 de large
De 0.042 à 0.054 dito. 0m12
Au-dessus de 0.054 dito. 0m14

Chaque *centimètre en plus* que les largeurs déterminées ci-dessus (d'après leur réduite) sera compté au mètre linéaire (sur la longueur totale des battants et traverses) et payé au prix du centimètre en plus, à l'article 11 selon l'épaisseur et le nombre des parements.

Exemple : A une porte à un parement, dont le bâti en sapin 0.034 développe 7 mètres de long, et donne une largeur réduite de 0m12, il est dû en plus 0.01 centimètre de largeur.

Pour *un centimètre de largeur* en plus sur bâti à un parement en sapin 0.034, l'article 8 donne 0 fr. 02 centimes.

Donc 7 mètres de long à 0 fr. 02 c. produisent 0 fr. 14 c.

Pour les battants et les traverses d'une *largeur moindre* que celles fixées ci-dessus, il ne sera rien déduit.

§ 2.

PEUPLIER OU GRISARD

Plus-value pour panneaux des lambris ci dessus et cadres

Pour *panneaux en peuplier ou grisard* (de 0.015 d'épaisseur) sur les lambris ci-dessus, ajouter au mètre superficiel de lambris, savoir :

A ceux *bruts derrière*....... 0f15 centimes.
A ceux *corroyés derrière*..... 0f20 Dito.
Pour panneau en plus desdits. 0f06 Dito.

Aux lambris à grands cadres, dont les *cadres* seront *en peuplier ou grisard*, il sera alloué par mètre superficiel de lambris, savoir :

A ceux *bruts derrière*............. 0f11 centimes.
A ceux *corroyés ou moulurés derrière*. 0f16 Dito.
Pour panneau en plus.............. 0f02 Dito.
Pour chaque centre. de profil en plus.. 0f01 Dito.

§ 3.

SUR ÉPAISSEUR DE PANNEAUX

Pour panneaux au-dessus de l'épaisseur fixée aux Tableaux, il sera ajouté au prix du mètre du lambris les plus-values suivantes :

Épaisseurs de..........	0.016 à 0.027	0.028 à 0.034	0.035 à 0.041	0.042 à 0.054	0.055 à 0.065	0.066 à 0.080
En **sapin**..............	0.18	0.30	0.45	0.60	0.72	0.90
En **grisard** ou **peuplier**.	0.21	0.34	0.48	0.65	0.81	1.00
En **chêne**..............	0.25	0.38	0.52	0.70	0.90	1.10

§ 4.

PANNEAUX PAR FRISES
Plus-value,
par mètre superficiel,
de lambris.

	Epaisseurs de panneau. / Largeur de frises.	Jusqu'à 0.015	de 0.016 à 0.027	0.028 à 0.034	0.035 à 0.041	0.042 à 0.054	0.055 à 0.065	0.066 à 0.08
Sapin	Frises de **0.155** à **0.18** ..	0.12	0.13	0.14	0.16	0.24	0.29	0.37
	Dito de **0.13** à **0.15**.....	0.16	0.18	0.20	0 24	0.36	0.43	0.53
	Dito de **0.105** à **0.125**...	0.22	0.25	0.27	0.33	0.50	0.58	0.70
	Dito de **0.08** à **0.10**.....	0.28	0.31	0.35	0.42	0.62	0.72	0.87
Peuplier ou **Grisard**	Frises de **0.155** à **0.18**..	0.14	0.17	0.19	0.24	0.32	0.37	0.44
	Dito de **0.13** à **0.15**.....	0.22	0.26	0.30	0.37	0.48	0.54	0.64
	Dito de **0.105** à **0.125** ..	0.30	0.35	0.40	0.48	0.65	0.73	0.85
	Dito de **0.08** à **010**......	0.38	0.43	0.50	0.61	0.81	0.90	1.04
Chêne	Frises de **0.155** à **0.18**..	0.17	0.22	0.26	0.32	0.40	0.45	0.52
	Dito de **0.13** à **0.15**.....	0.29	0.35	0.40	0.50	0.60	0.66	0.75
	Dito de **0.105** **0.125**....	0.38	0.46	0.54	0.64	0.80	0.88	1.00
	Dito de **0.08** à **0.10**.....	0.48	0.56	0.65	0.80	1.00	1.09	1.22

§ 5.

PLATES-BANDES
simples
à un parement et un panneau
par mètre.

La largeur jusqu'à la rive, et la plus grande profondeur développée.

Jusqu'à..............................	**0.04**	**0 05**	**0.06**	**0.07**	**0.08**	**0.09**	**0.10**
Sapin	0.24	0.29	0.34	0.40	0.47	0.55	0.63
Dito panneau en plus.	0.06	0.07	0.08	0.09	0.10	0.11	0.12
Peuplier ou **Grisard**	0.26	0.32	0.38	0.45	0.52	0.61	0.70
Dito panneau en plus.........	0.07	0.08	0.09	0.10	0.11	0.12	0.14
Chêne.....................	0.28	0.35	0.42	0.50	0.58	0.67	0.77
Dito panneau en plus	0.08	0.09	0.10	0.11	0.12	0.14	0.10

Plates-bandes à moulure, pour profil. Voir planche n° 3.

Pour *un premier corps de moulure*, jusqu'à 0.02 centimètres développé sur les plates-bandes ci-dessus, il sera ajouté par mètre de lambris, et pour un parement :

A savoir :

Chêne, grisard ou sapin........................ 0f10 centimes.
Pour un panneau en plus........................ 0f03 —
Pour *chacun des autres corps de moulure en plus d'un*, sur lesdites plates-bandes dito........... 0f16 —
Pour panneau en plus......................... . 0f06 —

Les corps de moulure au-dessus de $0^{m}02$ développe, seront payés, *d'après la progression* des prix ci-dessus, qui sont pour 2 centimètres de développement.

Les *plates-bandes à gorge* (sans carré), ou celles avec pentes, seront comptées pour moitié des plus-values de corps de moulures ci-dessus.

Les *arrêts* aux angles seront payés en plus.

§ 6.

ÉLÉGISSEMENT
à pointe de diamant.

Tout *élégissement à pointe de diamant* sur panneau, jusqu'à 0.25 de surface et 0.015 millimètres de profondeur,

Sera payé l'un...................... 1 fr. 20 centimes.

Les *mêmes*, au-dessus de 0.25 de surface, seront comptés à raison de,......... 4 fr. 80 c. le mètre superficiel d'élégi.

Aux *élégissements à pointe de diamant*, au-dessus de 0.015 de profondeur, il sera ajouté $^{1}/_{10}$ en plus du prix ci-dessus, pour chaque 0.005 millimètres en plus.

§ 7

OBSERVATIONS
sur les Lambris d'assemblage.

1° — Tout parement ou contre-parement de lambris, dont les *panneaux arasés* n'affleureront pas leur bâti, sera également considéré comme parement arasé.

2° — Aux lambris à petits ou grands cadres *changeant de largeur de profil* au deuxième parement, le prix du mètre sera augmenté de $^{2}/_{10}$ pour élégis, feuillures, rainures, rapprofondies, etc., qu'ils nécessiteront.

Les corps de moulure des profils de lambris seront déterminés par les figures de la planche n° 1 ou par analogie desdites.

3° — Les *panneaux en moins* ne seront pas déduits.

4° — Toute *feuillure* ou *embrèvement, quart de rond ou congé,* poussés extérieurement, de même que les baguettes sur joints, seront comptés séparément au mètre linéaire.

Les *profils* desdits en bout de battants, seront payés séparément savoir : Jusqu'à 0.08 de large 0 fr. 02 centimes, au-dessus de 0.08 0 fr. 03 centimes.

5° — Les lambris de portes cochères et portes d'allée seront augmentés de $^{1}/_{10}$ du prix du mètre.

6° — Tout *double embrèvement* sur panneau sera compté en plus pour sa valeur.

7° — Les *panneaux à jour* au-dessus de $0^{m}50$ de surface (mesure prise du jour du panneau) seront déduits pour leur nature, d'après les autres panneaux, et les parclôses comptées en plus comme moulure. Ceux moins de 0.50 de surface, avec ou sans parclôses, ne seront pas déduits.

§ 8
PETITES PARTIES

Toute *partie d'assemblage détachée,* au-dessous de 0.40 de surface, sera comptée comme 0.40 de surface. Le panneau en plus s'appliquera comme pour une partie de 0.40 de surface.

§ 9

CINTRES EN ÉLÉVATION

Cintres en élévation sur les lambris d'assemblage, mesurés au plus haut, sans déduction des angles vides.

La plus-value est déterminée par le *cintre intérieur de traverse,* mesure de flèche prise dans *$0^{m}25^{c}$ de corde* comme il est dit ci-dessus pour les cintres en linéaire.

Jusqu'à *un centimètre de flèche* dans $0^{m}25_{c}$ de corde il sera ajouté à la hauteur.............................. $0^{m}35$ centimètres.

Pour chaque *0.005 millimètres de flèche en plus,* on augmentera de.................... $0^{m}08$ centimètres.

Pour *figures* démontrant la manière de prendre les cintres. (Voir planche n° 2.

Les cintres irréguliers, à anse de panier ou autres $^{5}/_{10}$.

Cintres à double courbure $^{10}/_{10}$.

§ 10

PARTIES FLOTTÉES

Pour *un battant ou un cadré flotté* en toute hauteur, recevant les assemblages des cadres et traverses flottés dessus, on ajoutera à la largeur réelle du lambris : d'après les figures de la planche n° 3.

A savoir :

Pour figure A.................... 0.30 centimètres.
Pour figure B.................... 0.32 —
Pour figure C.................... 0.36 —
Pour figure D.................... 0.40 —

Pour *une traverse flottée dito*, il sera ajouté à la hauteur du lambris :

Pour figure E.................... 0.16 —
Pour figure F.................... 0.30 —

§ 11

PLUS-VALUES DE POLI

Pour collé dans les assemblages *sans être préparé au poli*, on ajoutera $^1/_{10}$ du prix du mètre.

A toute *partie* bien finie, assemblée carrément ou d'onglet, à travers champs ou non *collée dans les assemblages*, et disposé au poli.

On ajoutera $^1/_{10}$ du prix de lambris.

Les *flottages d'onglet* à travers champs seront payés en plus. (Article des assemblages, *tableau alphabétique*.)

En plus, pour *une face polie à l'encaustique*, il sera ajouté par mètre superficiel :

Pour une face unie..................... 0.35 centimes.
Pour une face moulurée................ 0.60 —

Le *poli à la cire dure*, une fois en plus.

Pour le deuxième parement non préparé au poli il sera déduit *un dixième* de la plus-value de préparé au poli du *premier parement*.

Article 25.

—

Châssis vitrés

à deux carreaux par mètre.

		Epaisseur de Bâti.....	jusqu'à 0.027	0.028 à 0.034	0.035 à 0.041	0.042 à 0.054	0.055 à 0.065	0.066 à 0.080	0.081 à 0.110
Châssis vitrés	**Tout sapin.**	Sans moulure......	1.76	1.90	2.10	2.35	2.55	2.75	3.15
		Un carreau en plus...........	0.11	0.12	0.13	0.15	0.17	0.19	0.21
		A moulure partout..	2.00	2.20	2.50	2.80	3.00	3.22	3.65
		Un carreau en plus...........	0.17	0.18	0.19	0.21	0.23	0.25	0.27
		Deux parements....	2.50	2.75	3.05	3.50	3.70	3.92	4.35
		Un carreau en plus...........	0.25	0.27	0.29	0.31	0.33	0.35	0.37
	Bâti sapin Petits bois chêne.	Sans moulure......	1.92	2.10	2.40	2.75	3.05	3.35	3.95
		Un carreau en plus...........	0.13	0.14	0.15	0.17	0.19	0.21	0.23
		A moulure partout..	2.20	2.35	2.75	3.10	3.40	3.70	4.35
		Un carreau en plus...........	0.18	0.19	0.20	0.22	0.24	0.26	0.28
		Deux parements....	2.75	3.05	3.45	3.90	4.20	4.50	5.25
		Un carreau en plus...........	0.27	0.29	0.31	0.33	0.35	0.37	0.39
	Tout chêne.	Sans moulure......	2.10	2.30	2.65	3.00	3.35	3.70	4.40
		Un carreau en plus...........	0.13	0.14	0.15	0.17	0.19	0.21	0.23
		A moulure partout..	2.35	2.60	3.00	3.40	3.70	4.05	4.80
		Un carreau en plus...........	0.20	0.21	0.22	0.24	0.26	0.28	0.30
		Deux parements....	3.00	3.25	3.80	4.25	4.50	4.85	5.60
		Un carreau en plus...........	0.29	0.31	0.33	0.35	0.37	0.39	0.41

La *largeur réduite* des battants et traverses de chassis (*non compris* la largeur du profil) est ainsi fixée : Jusqu'à 0m041 d'épaisseur 0m09 centimètres.

de 0.042 à 0.054	Dito........	0.10	Dito.
de 0.055 à 0.008	Dito........	0.12	Dito.
de 0.081 à 0.011	Dito........	0.14	Dito.

Pour *excédant de largeur* desdits Battants et traverses, même plus-value qu'aux Lambris (article 24).

Largeur de petit-bois. — (Voir article des croisées.)

Profils. — Les prix ci-dessus sont établis pour profil ordinaire jusqu'à 0m03 *à l'équerre* dans les épaisseurs de 0.041 et au-dessous jusqu'à 0m04 dito dans celles au-dessus de 0m041 et au plus *deux corps de moulure* compris tarabiscot (pour différence de profil, voir planche nº 2).

Pour *un centimètre* de développement en plus sur ledit profil ordinaire à 2 corps seulement, il sera ajouté 1/20 du prix du mètre. (Les profils de plus deux corps ne prennent pas cette plus-value)

Pour le *premier corps* de moulure en plus qu'ordinaire, il sera alloué 1/10 du prix.

Pour chacun des autres corps de moulure en plus dito 1/20 dito.

Auxdits corps de moulure en plus que profil ordinaire, qui développeront plus de 0m02, *chaque centimètre d'excédant* de développement prendra moitié des plus-values ci-dessus, qui sont, pour corps, de 0m02 de développement à l'équerre.

Pour *jet d'eau*, la sur-épaisseur comptera, comme champs, 4 parements, moulure poussée, flottages, coupes ou entailles séparément.

Les *parties hautes* de portes et cloisons vitrées feront partie de cet article, largeur prise du milieu de la traverse qui les sépare.

Toute *croisée sans dormant* fera partie de cet article.

Tout châssis avec ou sans petits-bois, *au-dessous de 0m60 de surface* comptera comme 0.60 de surface. et les carreaux en plus comme pour 0m60 dito.

Toute partie haute de porte ou chassis vitré qui aura de *un à deux carreaux* par mètre, sera comptée aux prix ci-dessus, avec déduction de 1/10. Celles moins d'un carreau par mètre seront détaillées à l'article 11.

Les châssis à *moulures sur petit-bois seulement* prendront la moyenne entre ceux sans moulures et à moulures partout.

Les *feuillures refouillées* sur les châssis à 2 parements compteront pour parement à moulure. Les *parcloses* comptées séparément comme cadre.

PLUS-VALUE DE CROISILLONS.

La plus-value de *croisillons* sera déterminée : 1° pour ceux à moulure par la surface du dehors des onglets ; 2° pour ceux sans moulures. par la surface dans œuvre.

Ladite *plus-value* sera comptée sans faire nombre aux carreaux.

Les évaluations du tableau s'appliquent sur la surface des croisillons pour être payées au prix du mètre de châssis.

Surface jusqu'à	0.25	de 0.26 à 0.45	de 0.46 à 0.60	de 0.61 à 0.80	de 0.81 à 1.00	de 1.01 à 1.50
Pour croisillons simples.	20/10	15/10	12/10	10/10	7/10	5/10
Pour croisillons doubles..	40/10	30/10	24/10	20/10	15/10	10/10

CINTRES EN ÉLÉVATION DES CHASSIS.

Pour cintres en élévation, mêmes plus-values que ceux des Lambris (article 24).

Pour une *traverse de petits-bois cintrée*, on ajoutera à la hauteur du châssis 2 fois la hauteur de la flèche desdites traverses de petits-bois.

Les petits bois rayonnants ou obliques, en faisant nombre aux carreaux, prendront une *plus-value* à la pièce, savoir : pour 0m034 d'épaisseur, 0f10; en 0.041, 0f15; en 0.054, 0f20 l'un. Pour ceux sans moulure et ceux à riche profil, et pour trompillons, voir article des croisées.

POLI.

Pour collé dans les assemblages, sans être préparé au poli, 1/10 en plus.

Pour *bien fini, collé dans les assemblages*, d'onglet à travers champs ou non, et préparé au poli, il sera alloué 3/10 du prix

Les *flottages d'assemblages* comptés en plus. (*Tableau aplphabétique.*)

En plus, pour *pour poli à l'encaustique* 0f30.

Article 26.

—

Plus-values des cintres SUR PLAN *au mètre superficiel.* Mesurés au plus haut et au plus large.

Corde	Flèche	Plus-value
Jusqu'à 0m60 de corde...	Jusqu'à 0.04 de flèche	8/10
	De 0.05 à 0.08	10/10
	De 0.09 à 0.16	11/10
	De 0.17 à 0.25	13/10
De 0m61 à 1m00 de corde.	Jusqu'à 0.08	8/10
	De 0.09 à 0.12	9/10
	De 0.13 à 0.25	10/10
	De 0.26 à 0.35	11/10
	De 0.36 à 0.50	13/10
De 1m01 à 1m50 de corde.	Jusqu'à 0.10	7/10
	De 0.11 à 0.15	8/10
	De 0.16 à 0.30	9/10
	De 0.31 à 0.50	10/10
	De 0.51 à 0.75	12/10
De 1m51 à 2m00 de corde.	Jusqu'à 0.15	6/10
	De 0.16 à 0.25	7/10
	De 0.26 à 0.50	8/10
	De 0.51 à 0.75	10/10
	De 0.76 à 1.00	11/10
De 2m01 à 3m00 de corde.	Jusqu'à 0.25	6/10
	De 0.26 à 0.50	7/10
	De 0.51 à 0.75	8/10
	De 0.76 à 1.50	10/10

Pour les parties *circulaires en plan et en élévation*, non-voussure, les plus-values de cintre en plan et celles en élévation seront réunies, et le produit augmenté de ses $^{10}/_{10}$.

Toute *persienne cintrée en plan* sera comptée trois fois les plus-values ci-dessus.

Pour *cintre avec parties droites*, voir article 12.

Les *feuillures de cintre refouillées droites* seront comptées en plus, article 7.

Parties biaises assemblées et parties montées.

PLUS-VALUE DE PARTIES BIAISES en assemblage

Les *parties de lambris, chassis ou autres* qui seront assemblées biaises, seront comptées à leur surface réelle, et il sera ajouté en plus 0m20 de surface par chaque assemblage biais.

PLUS-VALUE DE MONTAGE

Pour toute partie de meuble montée et finie à l'atelier, tels que *vitrines, bibliothèques, casiers, comptoirs*, etc., il sera ajouté $^{1}/_{10}$ des prix de surface et de bâtis assemblés.

Article 27.

—

Escaliers

A un seul limon ou crémaillère.

Épaisseurs.		longueur des Marches	A Limon pour cave grossièrement corroyé et sans contre-marches.				A Limon Marches corroyées, quarderonnées et contre-marches.						dit Anglais Profilé d'un bout Contre-Marches d'onglets.					
			Droit.		QUARTIER tournant.		Droit.		QUARTIER tournant.		Circulaire.		Droit.		QUARTIER tournant.		Circulaire.	
Marches.	Limons.		Sapin.	Chêne.	Sapin.	Chêne.	Sapin.	Chêne.	Sapin.	Chêne.	Sapin.	Chêne.	Sapin.	Chêne.	Sapin.	Chêne.	Sapin.	Chêne.
Jusqu'à 0.027	Jusqu'à 0.034	**0.60**	0.60	0.80	0.80	1.20	1.45	1.75	1.85	2.75	2.30	3.50	1.60	2.15	2.10	2.85	3.15	4.25
		0.70	0.65	0.90	0.88	1.30	1.25	1.90	1.95	2.90	2.45	3.65	1.65	2.20	2.20	2.95	3.30	4.40
		0.80	0.70	1.00	0.95	1.40	1.35	2.05	2.05	3.05	2.55	3.80	1.70	2.25	2.30	3.05	3.40	4.55
0.028 à 0.034	0.035 à 0.041	**0.60**	0.60	0.90	0.88	1.30	1.35	2.00	2.00	3.00	2.60	3.75	1.65	2.20	2.25	3.00	3.35	4.45
		0.80	0.70	1.05	1.05	1.60	1.45	2.15	2.15	3.25	2.80	4.05	1.75	2.30	2.35	3.10	3.45	4.60
		1.00	0.80	1.20	1.25	1.90	1.55	2.35	2.35	3.50	3.00	4.35	1.85	2.40	2.40	3.20	3.55	4.75
0.035 à 0.041	0.042 à 0.054	**0.60**	0.70	1.00	0.95	1.40	1.45	2.15	2.15	3.20	2.70	4.00	1.75	2.30	2.35	3.40	3.50	4.65
		0.80	0.80	1.20	1.20	1.70	1.55	2.30	2.30	3.45	2.90	4.30	1.85	2.40	2.45	3.20	3.65	4.85
		1.00	0.90	1.35	1.35	2.00	1.70	2.45	2.45	3.70	3.10	4.60	1.95	2.50	2.30	3.35	3.75	5.00
0.036 à 0.041	0.055 à 0.080	**0.60**	0.75	1.10	1.00	1.50	1.50	2.25	2.25	3.40	2.80	4.25	1.80	2.40	2.40	3.20	3.60	4.80
		0.80	0.90	1.30	1.25	1.85	1.60	2.40	2.45	3.65	3.05	4.60	1.90	2.55	2.55	3.40	3.80	5.10
		1.00	1.10	1.50	1.50	2.40	1.70	2.60	2.70	3.95	3.30	5.00	2.00	2.70	2.70	3.60	4.00	5.40
0.042 à 0.054	0.081 à 0.110	**0.80**	0.90	1.30	1.25	1.90	1.90	2.80	2.80	3.80	3.50	4.75	2.10	2.60	2.60	3.50	3.95	5.25
		1.00	1.05	1.50	1.50	2.30	2.10	3.10	3.10	4.25	3.85	5.20	2.30	2.85	2.85	3.85	4.30	5.75

Un prix moyen sera établi pour les escaliers dont les épaisseurs de limons et marches ne concorderont pas avec ceux du tableau.

Les longueurs qui ne figurent pas au tableau suivront les progressions.

Pour chaque *crémaillère droite* en bois brut, on ajoutera au prix de chaque marche, savoir :

Dans les épaisseurs jusqu'à	0.034	0.041	0.054
Sapin	0.40	0.50	0.70
Chêne	0.50	0.60	0.80

Les prix ci-dessus sont pour *escalier à un seul limon ou crémaillère;* il sera alloué pour un 2me limon ou crémaillère 3/10 du prix de chaque marche suivant sa nature.

Pour corroyer en dessous on ajoutera.... { Droit............... 0f35 ; Quartier tournant .... 0f50 ; Circulaire 0f80

Pour *limon chêne, marche et contre-marche sapin*,le prix sera de 7/10 du prix tout chêne, et 3/10 du sapin.

Pour *contre-marche en sapin*, on déduira 0f10 du prix de la marche.

Ces prix comprennent tous les assemblages à tenons ou à queue. Sont exceptés :

Les noyaux ou poteaux, mais non leurs entailles.

Les *gros paliers* pris dans la charpente ou autres, portant limon et marche seront payés 7/10 du prix de la marche.

Pour la *marche palière*, on prendra la largeur d'une marche, le reste en superficie suivant son épaisseur.

Une extrémité de marche à volute jusqu'à 0m20 de diamètre du dessus de la marche sera payée 1f75. Pour chaque 0,10 de diamètre en plus, 0f25.

Pour une marche et contre-marche *cintrée devant*, quelle que soit l'épaisseur des marches et limons, il sera alloué, savoir :

Jusqu'à 0m04 de flèche, et pour 0,60 centimètres de long....... 1.50
dito 0,80 dito 1.65
— 1,00 — 1,80

Pour chaque 0m02 de flèche en plus 1/10.

Pour cintre du derrière, les 3/10 des prix du cintre du devant.

Seront considérés *quartier tournant* tous escaliers en partie à marche dansante,

Tout *escalier sur plan, en S, ou à entonnoir*, sera payé 2/10 en plus que circulaire.

Il est dû au plus *un boulon* par trois marches; ceux en plus, ainsi que les coupes, seront payés séparément.

Ceux à *vis Saint-Gilles* seront considérés circulaires.

Tout escalier à *limon débillardé* sera considéré circulaire.

Escalier anglais à marche pleine, formant marche et plafond, seront payés le double de ceux circulaires.

Lorsque l'ouvrier prendra la mesure et fera le plan de l'escalier, il lui sera alloué 1/10 du prix.

Les prix ci-dessus sont pour travail fait à l'atelier; *la pose*, lorsqu'elle sera faite, sera comptée pour sa valeur.

Les *échelles de magasin, et celles dites de meunier*, seront détaillées pour leur façon.

3° OUVRAGES A LA PIÈCE

Par ordre alphabétique.

Article 28. — Arrondissements d'angle pour tablettes ou autres			Jusqu'à 0m15 de développement.	Pour chaque 0m10 de développement en plus.
	Jusqu'à **0.027** d'épaisseur.	**Sapin**	0.06	0.02
		Chêne	0.09	0.03
	De **0.028** à **0.034**	**Sapin**	0.07	0.03
		Chêne	0.10	0.04
	De **0.035** à **0.041**	**Sapin**	0.08	0.04
		Chêne	0.12	0.05
	De **0.042** à **0.054**	**Sapin**	0.10	0.05
		Chêne	0.15	0.06
	De **0.055** à **0.08**	**Sapin**	0.14	0.07
		Chêne	0.21	0.09

Chaque *corps de moulure*, jusqu'à 0.02 développé poussé sur lesdits, sera payé 2 fois le prix d'un arrondi, sans préjudice du prix de l'arrondissement d'angle. C'est-à-dire qu'un arrondi d'angle uni qui vaudra 0f06, sera payé 0f18 s'il porte un corps de moulure.

Les *corps de moulure* au-dessus de 0.02 seront réglés par analogie.

Article 29. — **Assemblages** à tenon ou à queue

Assemblages	Bois	Epaisseurs des Bois.	0.02	0.04	0.06	0.08	0.10	0.12	0.14	0.16	0.18	0.20	0.22	0.24
			Largeur des Bois.											
CARRÉS.	Sapin.	Jusqu'à 0.015..	0.05	0.06	0.07	0.08	0.10	0.13	0.16	0.19	0.21	0.23	0.25	0.27
		0.016 à 0.027	0.06	0.07	0.08	0.09	0.11	0.14	0.17	0.20	0.22	0.24	0.26	0.28
		0.034	»	0.08	0.09	0.10	0.12	0.15	0.18	0.21	0.23	0.25	0.27	0.29
		0.041	»	0.09	0.10	0.11	0.13	0.16	0.19	0.22	0.24	0.26	0.28	0.30
		0.054	»	»	0.11	0.12	0.14	0.17	0.21	0.24	0.26	0.28	0.30	0.32
		0.080	»	»	»	0.14	0.17	0.20	0.24	0.27	0.30	0.33	0.36	0.40
		0.110	»	»	»	»	0.21	0.24	0.28	0.31	0.34	0.37	0.40	0.43
	Chêne.	Jusqu'à 0.015..	0.06	0.08	0.09	0.11	0.13	0.16	0.20	0.23	0.26	0.29	0.31	0.33
		0.016 à 0.027	0.07	0.09	0.11	0.13	0.16	0.19	0.22	0.25	0.28	0.30	0.32	0.35
		0.034	»	0.10	0.12	0.15	0.17	0.20	0.23	0.26	0.29	0.31	0.34	0.37
		0.041	»	0.11	0.13	0.16	0.19	0.22	0.25	0.28	0.30	0.33	0.35	0.38
		0.054	»	»	0.15	0.18	0.21	0.24	0.27	0.30	0.32	0.35	0.38	0.41
		0.080	»	»	»	0.20	0.24	0.26	0.31	0.35	0.38	0.42	0.45	0.48
		0.110	»	»	»	»	0.28	0.33	0.37	0.41	0.44	0.46	0.49	0.53
D'ONGLET	Sapin.	Jusqu'à 0.015..	0.08	0.10	0.13	0.16	0.19	0.22	0.25	0.28	0.30	0.32	0.35	0.37
		0.016 à 0.027	0.09	0.11	0.14	0.17	0.21	0.24	0.28	0.31	0.34	0.39	0.40	0.42
		0.034	»	0.12	0.15	0.19	0.23	0.26	0.29	0.32	0.35	0.38	0.41	0.44
		0.041	»	0.13	0.16	0.20	0.24	0.27	0.30	0.33	0.36	0.39	0.42	0.46
		0.054	»	»	0.18	0.22	0.26	0.29	0.32	0.36	0.39	0.42	0.45	0.48
		0.080	»	»	»	0.25	0.29	0.33	0.37	0.41	0.45	0.48	0.52	0.56
		0.110	»	»	»	»	0.33	0.38	0.43	0.48	0.52	0.56	0.60	0.64
	Chêne.	Jusqu'à 0.015..	0.10	0.13	0.16	0.19	0.23	0.27	0.31	0.35	0.38	0.42	0.45	0.48
		0.016 à 0.027	0.11	0.14	0.17	0.20	0.24	0.28	0.32	0.36	0.40	0.44	0.47	0.50
		0.034	»	0.16	0.20	0.23	0.27	0.31	0.35	0.40	0.43	0.47	0.50	0.54
		0.041	»	0.18	0.22	0.26	0.30	0.34	0.38	0.41	0.45	0.49	0.53	0.57
		0.054	»	»	0.25	0.29	0.33	0.37	0.41	0.44	0.49	0.53	0.57	0.61
		0.080	»	»	»	0.33	0.37	0.42	0.47	0.51	0.56	0.61	0.65	0.70
		0.110	»	»	»	»	0.42	0.48	0.53	0.58	0.64	0.69	0.74	0.80

OBSERVATIONS SUR LES ASSEMBLAGES CARRÉS OU D'ONGLET.

Tout *assemblage* sera compté pour l'épaisseur du bois, dans lequel sera faite la mortaise.

Une *mortaise* vaudra les $^2/_3$ de l'assemblage.

Un *flottage incrusté* sera payé $^5/_{10}$ d'assemblage par chaque parement flotté suivant l'épaisseur et la largeur des bois dans lequel il sera fait.

Un *flottage non incrusté* comptera comme $^4/_{10}$ d'assemblage.

Un *assemblage à rainure et languette,* sans épaulement, vaudra les $^7/_{10}$ d'un assemblage.

Un assemblage fait au ciseau sera payé le double.

Pour un *assemblage biais*, il sera ajouté en plus les $^{5}/_{10}$ du prix d'un assemblage.

Un *assemblage à double tenon* sur l'épaisseur, sera augmenté des $^{3}/_{10}$.

Un *assemblage à trait de Jupiter*, sera payé trois fois la valeur d'un assemblage.

A tout *assemblaje à queue* qui ne traversera pas l'épaisseur du bois, il sera alloué les $^{5}/_{10}$ en plus.

Un *assemblage à queue recouverte* d'onglet, sera augmenté des $^{1}/$ de l'assemblage d'onglet.

Les *assemblages faits dans les parties cintrées* seront augmentés des $^{10}/_{10}$.

Les *assemblages collés et ceux faits sur vieux bois*, seront augmentés des $^{0}/_{10}$.

Article 30

—

Calibres de maçon

Le profil développé :
par chaque centimètre.............................. 0f 03

Article 31.

—

Clefs

en chêne, assemblées (à la pièce).

Dans des parties de 0.027 à 0.041....	en sapin........	0f 21
	en chêne........	0.30
— — 0.054 à 0.080.....	en sapin........	0.28
	en chêne........	0.40
— — 0.081 à 0.11......	en sapin........	0.40
	en chêne........	0.55

Article 32.

—

Coins ronds

de croisées ou chassis, jusqu'à 0.15 de rayon intérieur, ajustés, posés, préparés au tourneur.

Épaisseur jusqu'à 0.034...	Entaillés jusqu'à la feuillure à verre.............	0f 40
	— plus assemblés à rainure et languette..	0.60
Épaisseur de 0.035 à 0.054.	Entaillés jusqu'à la feuillure à verre.............	0.55
	— plus assemblés à rainure et languette..	0.80

Les mêmes *disposés en quatre parties*, afin d'être posés à bois de fil, et collés pour être préparés au tourneur seront augmentés de $^{1}/_{10}$ pour chaque angle.

Les coins ronds de croisées ou châssis, *avec profil non ordinaire*, (voir articles 12 et 25) seront augmentés de $^{1}/_{10}$.

Lorsque lesdits *coins ronds* seront posés dans des parties cintrées, ils seront augmentés de $^{2}/_{10}$ de leur prix.

Article 33.

—

Contre-Profils

à bois de bout

jusqu'à 0.10 de long finis à la lime

comptés par corps de moulure développés à l'équerre.

Développement............	**0.02**	**0.03**	**0.04**	**0.05**	**0.06**	**0.08**	**0.10**
Chêne ou sapin.....	0.06	0.09	0.12	0.15	0.18	0.24	0.30

Les *corps de moulure* jusqu'à $0^{m}02^{c}$ développé seront payés au prix de 0.02_{c} du tableau, et les corps au-dessus de deux centimètres aux autres prix du tableau suivant leur développement :

Les développements de corps *au-dessus de* $0^{m}10$ suivront la progression.

Les parties unies des contre-profils compteront comme coupes droites dressées au rabot.

Les contre-profils en réduction de profils seront augmentés des $^{5}/_{10}$ du prix.

Les arrêts seront payés en plus.

Pour préparé au poli il sera alloué $^{2}/_{10}$ du prix.

Article 34.

—

Coupes

sciées et dressées d'onglet, à faux onglet, ou droites, compris ragréages

Épaisseurs.		Longueur de coupe. 0.02	0.04	0.06	0.08	0.10	0.12	0.14	0.16	0.18	0.20
Jusqu'à 0.015	**Sapin**...	0.01	0.02	0.03	0.035	0.04	0.045	0.05	0.06	0.07	0.08
	Chêne...	0.02	0.03	0.04	0.05	0.06	0.07	0.08	0.09	0.10	0.11
De 0.016 à 0.027	**Sapin**...	0.015	0.025	0.035	0.04	0.05	0.055	0.06	0.07	0.08	0.09
	Chêne...	0.03	0.04	0.05	0.06	0.07	0.08	0.09	0.10	0.11	0.12
De 0.028 à 0.034	**Sapin**...	0.025	0.035	0.045	0.05	0.06	0.065	0.07	0.08	0.09	0.10
	Chêne..	0.04	0.05	0.06	0.07	0.08	0.09	0.10	0.11	0.12	0.13
De 0.035 à 0.041	**Sapin**...	0.03	0.04	0.05	0.055	0.065	0.07	0.08	0.09	0.10	0.11
	Chêne...	0.05	0.06	0.07	0.08	0.09	0.10	0.11	0.12	0.13	0.14
De 0.042 à 0.054	**Sapin**...	0.04	0.05	0.06	0.07	0.08	0.085	0.09	0.095	0.10	0.11
	Chêne...	0.06	0.07	0.08	0.095	0.105	0.11	0.12	0.13	0.14	0.15
De 0.055 à 0.065	**Sapin**...	0.05	0.06	0.07	0.075	0.085	0.09	0.10	0.105	0.11	0.12
	Chêne...	0.07	0.08	0.09	0.10	0.11	0.12	0.13	0.14	0.15	0.16
De 0.066 à 0.080	**Sapin**...	0.055	0.065	0.075	0.08	0.09	0.10	0.105	0.11	0.12	0.13
	Chêne...	0.08	0.09	0.10	0.11	0.12	0.13	0.14	0.15	0.16	0.17
De 0.081 à 0.110	**Sapin**...	0.07	0.08	0.09	0.10	0.11	0.12	0.13	0.14	0.15	0.16
	Chêne..	0.10	0.11	0.12	0.13	0.14	0.15	0.16	0.17	0.18	0.19

Toute *coupe* sera mesurée sur sa longueur.

Les *coupes sur champs unis sans moulure*, seront payées $^{2}/_{10}$ en moins des prix du Tableau.

Les *fausses coupes* seront augmentées de $^{5}/_{10}$ des prix ci-dessus.

Les *coupes circulaires en raccord de cercle*, seront payées 3 fois les prix ci-dessus.

Les *fausses coupes droites en raccord de cercle*, seront comptées $^{10}/_{10}$ en plus des prix du Tableau.

A tout *ressaut* jusqu'à 0.05 de longueur apparente, les coupes seront augmentées des $^{5}/_{10}$.

Les *coupes pour moulures volantes*, seront augmentées des $^{10}/_{10}$.

Aux *coupes faites sur travaux* préparés au poli, il sera ajouté les $^{3}/_{10}$.

Aux *coupes sur l'épaisseur* pour plinthes, socles ou autres, la longueur de coupe sera prise sur la largeur du bois et le prix augmenté de $^{8}/_{10}$.

Toute *coupe faite au ciseau*, sera augmentée de $_{10}/_{10}$ en plus.

Article 35

—

Denticules.

1° Rapportés, dressés, collés, cloués....... { sapin...... 0f03 / chêne..... 0 04

2° Entaillés dans la masse, et refouillés au ciseau, à savoir :

Sans carré au fond............... { sapin...... 0f05 / chêne...... 006

Avec carré au fond............... { sapin...... 0f06 / chêne...... 008

A langue de chat................ { sapin...... 0f08 / chêne...... 0 10

Pour préparé au poli :

On ajoutera les...................... 2/10

— plus poli............. 3/10

Article 36

—

Entailles
Chêne ou Sapin.

Entailles d'épaulement sur le devant d'un assemblage, ou d'un alaise de casier................................ 0f02

Entailles de *barbe rallongée* carrée de 0.01 centimètre de pro fondeur, sur 0m15 de long pour chaque parement....... 0f03

Les mêmes jusqu'à 0m03 de profondeur, sur 0m15 de long.. 0f05

Entailles *pour tablettes ou autres* et développées sur 2 ou 3 côtés :

à savoir :

	A deux arasements.	A trois arasements.	Pour chaque 0.05 centimèt. en plus.
Jusqu'à 0.027 d'épaisseur et 0.10 développé.	0.03	0.05	0.01
de 0.028 à 0.041 — —	0.04	0.07	0.015
de 0.042 à 0.054 — —	0.05	0 09	0.02
de 0.055 à 0.08 — —	0.08	0.15	0.04

Entailles ou dérasements à la scie pour socles ou autres, jusqu'à 0m15 de haut et 0.08 de large....................... 0f10

Pour chaque 0.02 centimètres de largeur en plus......... 0 01

Les *mêmes faites au ciseau*, seront payées le double

Dérasements sur battants ou autres faits à la scie, dressés au rabot et compris extrémité au ciseau..................

Au mètre linéaire jusqu'à 0m03 de large, sapin 0f12 chêne 0f17

Pour chaque centimètre en plus........ sapin 0f03 chêne 0f04

Les longueurs au-dessous de 0m50 compteront comme 0m50.

Toute *coupe d'onglet, ou fausse coupe* sur toutes les entailles de l'article 28, sera payée en plus séparément.

Article 37

—

Goujons
en bout de poteaux

A 2 arasements....... .... 0f08

3 arasements............................ 0 10

4 arasements............................ 0 12

Article 38

—

Interruptions
ou arrêts
Au ciseau ou à la gouge.

De feuillures et rainures, jusqu'à 0m04 développé :

Sapin........................	0f 04
Chêne........................	0 06

Pour chaque centimètre en plus........... 0 01

De moulures; pour chaque corps de moulure :

Sapin........................	0 04
Chêne........................	0 05

Profils d'arrêts ordinaires jusqu'à 0m02 (ceux au-dessus seront estimés :

1° Sur chanfrein, en biseau ou circulaire	chêne ou sapin		0f 03
2° dito	avec carré droit	dito	0 04
3° Sur cannelure en cuiller ordinaire		dito	0 08
4° dito	en glacis	dito	0 10

Les *arrêts à plein bois*, sur chêne ou sapin, seront payés 0f12 c. pour chaque corps de moulure, feuillure ou élégi, jusqu'à 0.02 développé à l'équerre.

Pour chaque centimètre de
développé en plus de 0.02 centimètres............... 0f 04

Pour *préparé au poli*, 1/10 en plus.

Article 39

—

Journée d'attachement
d'ouvrer à façon

L'heure.. .... 0f70 centimes.

Article 40

—

Parcloses
sur pilastre ou autres

En *chêne ou sapin*, compris entailles, collage, coupes.

Celles unies, carrées, jusqu'à 0m10 de long		....	0f10
—	à 2 angles d'onglet	—	0 16
A moulures,	à 2 angles d'onglet	—	0 20
—	à 4 angles d'onglet	—	0 33

Pour *chaque* 0m05 *centimètres* en plus de 0.10 de long, et jusqu' 0m25, il sera ajouté 2/10

Celles entaillées à pointe de diamant seront augmentées de 2/10.

Au-dessus *de* 0m25 *de long*, ces parclôses seront détaillées et comptées comme moulures.

Pour *préparé au poli*, 1/10 en plus

Article 41.

—

Rigoles
sur pièces d'appui.

Compris trou percé............. 0f20 centimes.

Article 42

Siéges en chêne moulurés sur rives (mesures à l'équerre)

UNIS À TAMPON

		ÉPAISSEUR DU DESSUS 0.027	0.034	0.041
SANS SOUBASSEMENT	**Barres clouées** jusqu'à 1m20 à l'équerre..	1.55	1.85	2.75
	Dito pour chaque 0m10 en plus..	0.10	0.12	0.15
	Barres à queues jusqu'à 1m20 à l'équerre.	1.95	2.20	3.05
	Dito pour chaque 0m10 en plus..	0.15	0.21	0.21
AVEC SOUBASSEMENT uni jusqu'à 0.027.	**Barres clouées** jusqu'à 1m20 à l'équerre..	2.75	3.05	3.85
	Dito pour chaque 0m10 en plus..	0.20	0.23	0.26
	Barres à queues jusqu'à 1m20 à l'équerre.	3.30	3.60	4.40
	Dito pour chaque 0m10 en plus..	0.25	0.28	0.31

Pour *abattant* en place tampon :
1° *Emboîté* et arrondi au pourtour.............. 0f75 centimes.
2° Dito *encadré d'onglet*, à petits cadres ou non. 1f50 centimes.
Aux siéges *sans tampon*, la valeur dudit ne sera pas déduite.
Pour préparé au poli, il sera ajouté 1/5.
Pour *poli à l'encaustique*, 1/10 en plus.

A L'ANGLAISE

A double épaisseur de 0m027, soubassement uni en chêne 0.027. Barres clouées.	UNIS, EMBOITÉS carré.	d'onglet.	Onglets partout.
Pour 1m20 à l'équerre......................	6.60	8.35	9.50
Pour chaque 0m10 en plus..	0.15	0.25	0.35

En plus, pour *préparé au poli*, 1/4.
Pour *poli à l'encaustique*, 1/10 en plus.

	Non poli.	Poli.
Pour un *retour de soubassement uni* non assemblé, jusqu'à 0m50 de long, compris embrèvement, et retour du profil du dessus, on ajoutera.........	0.85	1.10
Dito *plus assemblé*.....................	1.15	1.45
Pour chaque 0m10 en plus..............	0.20	0.30
Pour un *pied cornier* arrondi, compris languette et rainure par bout, avec contreprofil du dessus uni, embrevé et collé.............	0.50	0.75
Dito *plus assemblé*....................	0.90	1.15

Pour les *soubassements à petits cadres*, le prix du siége sera comme avec soubassement ; le lambris compté à part à l'article petits cadres, avec déduction de la valeur du soubassement, comme partie pleine en surfaue

Les *boîtes incrustées* dans les siéges, compris entailles et couvercle, moulurées ou non, seront comptées au prix de 2 fr. 00.

Article 43

—

Socles façonnés et posés.

Ceux élégis *en chanfreins* de $0^{m}11$ de haut, et jusqu'à 0.09 de large.

En sapin................ 0.20 centimes.
En chêne............. 0.30 —

Ceux élégis *à moulures*, suivant le profil du chambranle (élégi de toute largeur), seront payés le double des prix ci-dessus.

Les *socles non posés* seront diminués de $^{2}/_{10}$.

Article 44.

—

Tiroirs

corroyés, assemblés, montés, collés (tête moitié plus épaisse que les côtés).

		De $0^{m}10$ de hauteur.	Pour $0^{m}01$ en plus ou en moins de hauteur.	Pour chaque $0^{m}10$ à l'équerre en plus des mesures du tableau
De $0^{m}60$ à l'équerre, cotés jusqu'à 0.015, fond jusqu'à 0.013..	Tout **sapin**..................	1.00	0.06	0.10
	Pourtour **chêne**, fond **sapin**.	1.30	0.08	0.12
	Tout **chêne**.................	1.50	0.08	0.14
De $0^{m}80$ à l'équerre, cotés jusqu'à 0.015, fond jusqu'à 0.013..	Tout **sapin**..................	1.25	0.07	0.12
	Pourtour **chêne**, fond **sapin**.	1.55	0.09	0.13
	Tout **chêne**....	1.80	0.09	0.15
De $1^{m}00$ à l'équerre, cotés jusqu'à 0.020, fond jusqu'à 0.016..	Tout **sapin**..................	1.48	0.08	0.14
	Pourtour **chêne**, fond **sapin**.	1.80	0.10	0.15
	Tout **chêne**.................	2.10	0.10	0.17
Pour tête bien finie, polie		»	»	»
Jusqu'à $0^{m}60$ de long et $0^{m}10$ de haut...........		0.07	0.005	»
Pour chaque $0^{m}10$ de longueur en plus..........		»	»	0 01

Pour la *tête seule en chêne*, il sera établi le prix moyen entre *tout sapin et chêne* et *sapin.*

Pour *tête polie et poli à l'intérieur*, il sera ajouté $^{1}/_{5}$ du prix.

Lorsque le pourtour du tiroir et le fond dépasseront les *épaisseurs fixées au Tableau*,, il sera alloué $^{1}/_{10}$ par chaque $0^{m}007$ millimètres en plus. Si le fond reste à l'épaisseur fixée au Tableau, il ne sera alloué que $^{1}/_{20}$.

Tout *tiroir ajusté* à son emplacement, sera augmenté de $^{1}/_{10}$ de son prix, quand ce dixième ne sera pas ajouté au prix du meuble duquel il fait partie.

Aux *tiroirs assemblés à entailles* (sans assemblages à queues), le prix sera diminué de $^{1}/_{4}$.

Les *tiroirs au-dessous de $0^{m}60$ à l'équerre*, seront comptés au prix de $0^{m}60$.

Article 45.

—

		Profondeur.	Sapin	Chêne
		Jusqu'à		
Trous percés à la mèche.	Diamètre de 0^m02	**0.04**	0.03	0.05
		0.06	0.04	0.07
		0.08	0.05	0.09
	Diamètre de 0^m03	**0.04**	0.04	0.06
		0.06	0.05	0.08
		0.08	0.06	0.10
	Diamètre de 0^m04	**0.04**	0.05	0.07
		0.06	0.06	0.09
		0.08	0.07	0.11

Ce **TARIF**, étant révisable *annuellement* d'après les contestations auxquelles il pourrait donner lieu, la COMMISSION D'ÉLABORATION est chargée de recevoir au *Siége de la Société* toutes les observations ou réclamations relatives aux prix ci-dessus.

Pour la Commission,

Paris, ce 25 janvier 1869.

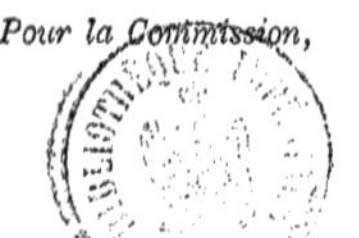

LE PRÉSIDENT :

E. SAUVAGET.

S'adresser ou écrire franco à M. le Président, rue de Babylone, 50.

Chaque exemplaire sera expédié franc de port sur la demande écrite et AFFRANCHIE, et sur l'envoi de 5 francs en un mandat de poste.

PARIS. — TYPOGRAPHIE GAITTET, 1, RUE DU JARDINET.

Profils de Moulures

DÉTERMINANT LE NOMBRE DES CORPS.

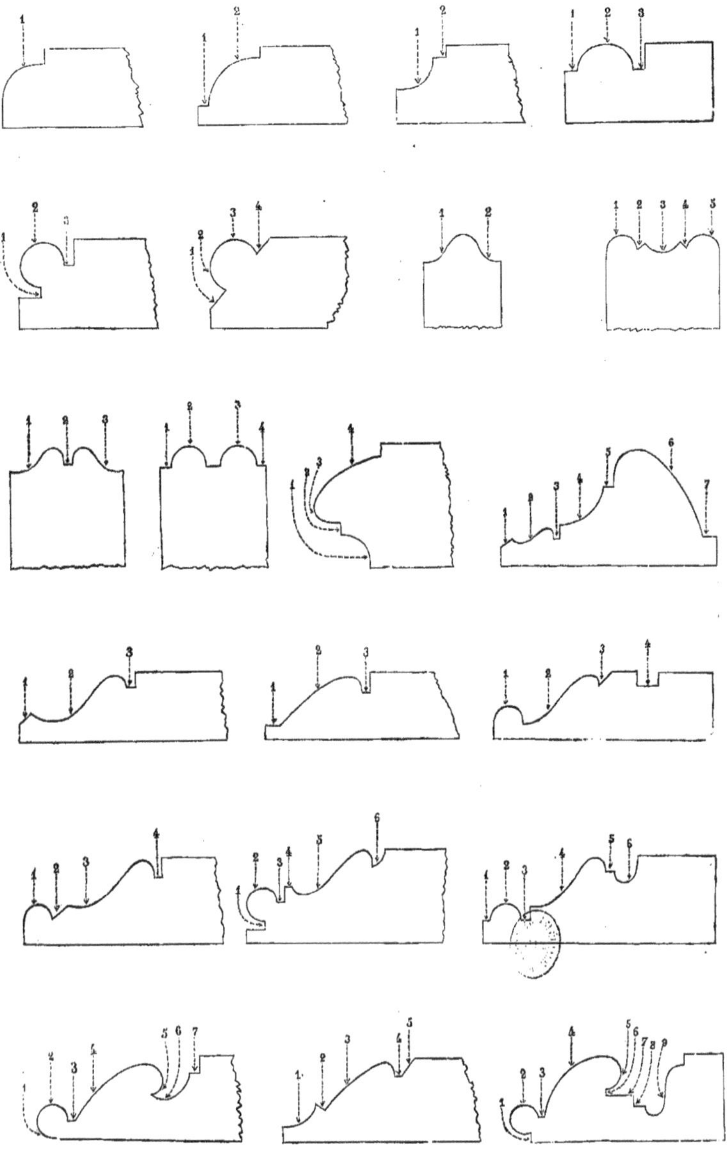

Planche N° 2.

Profils des Croisées.

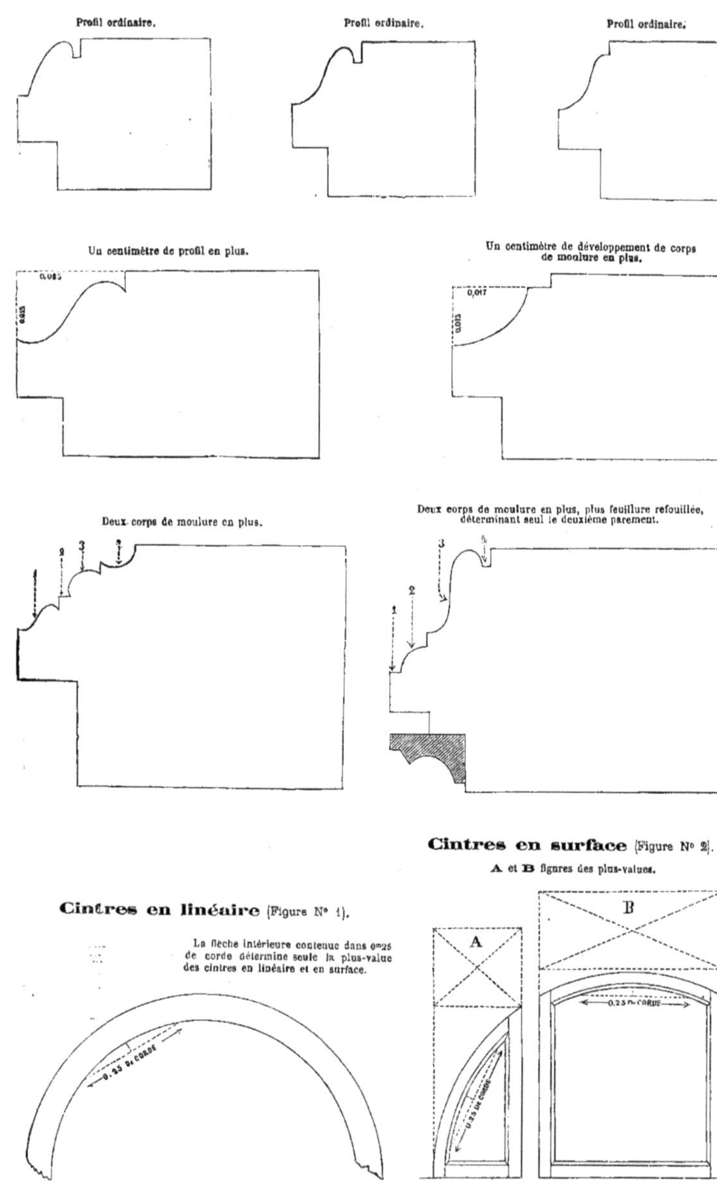

Planche N° 3.

Plates-Bandes.

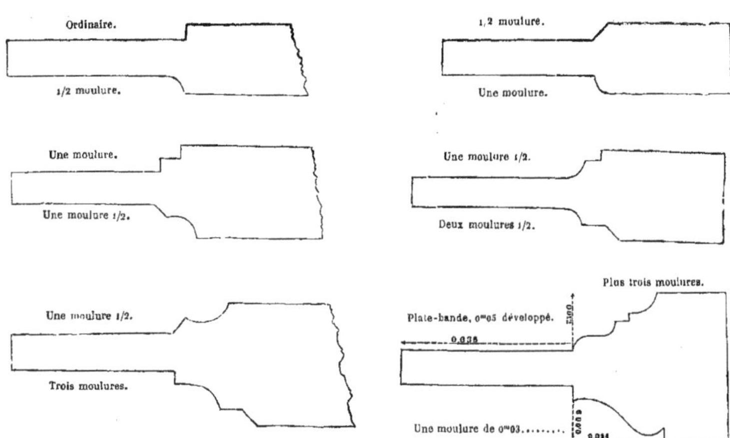

Flottages des Lambris d'assemblage.

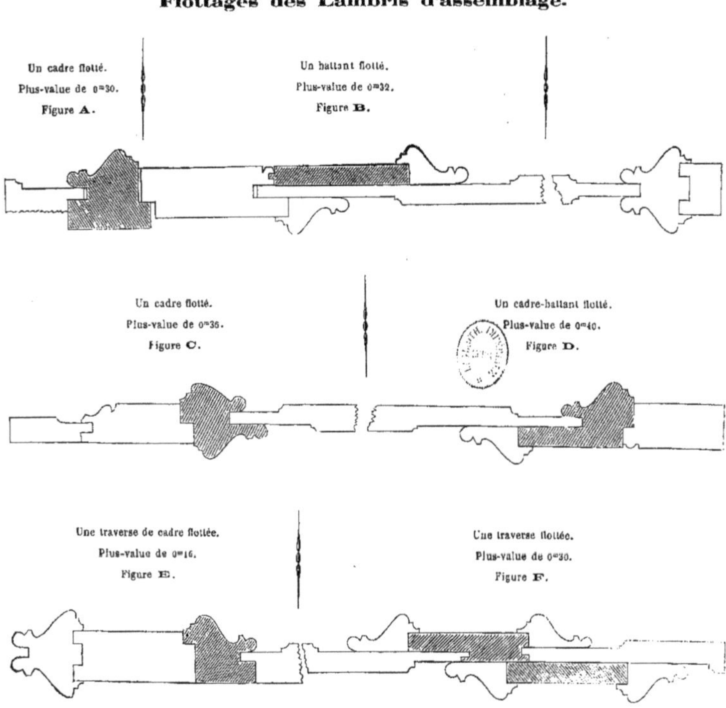

PARIS. — TYPOGRAPHIE GAITTET, RUE DU JARDINET, 1.

www.ingramcontent.com/pod-product-compliance
Ingram Content Group UK Ltd.
Pitfield, Milton Keynes, MK11 3LW, UK
UKHW021518260726
13993UKWH00004B/1748